버킷리스트 7

이 책을 소중한

_____님에게 선물합니다.

_____ 드림

● 가슴을 뛰게 하는 꿈의 목록 ●

버킷리스트7

기획 · 김태광

김지영 허지영 주유희 조맑은
김동현 염정환 박혜형 함명진

시너지북

"당신의 심장을 뛰게 만드는 버킷리스트가 있습니까?"

꿈을 꾸는 것은 자유다. 나이가 많든 적든 상관없고, 단시간에 이룰 수 있는 꿈이든 평생을 걸쳐 이뤄야 할 꿈이든 상관없다. 꿈을 꾸는 것은 그 자체로 삶을 살아가는 데 꼭 필요한 원동력이 되어준다. 그러나 주변사람들에게 내 소중한 꿈에 대해 이야기했을 때, 누구나 한번쯤 이런 말을 한다.

"네가 그걸 이룬다고? 시간은? 돈은? 도대체 어떻게?"

이러한 부정적인 시선과 마주하며 주변인들을 어떻게든 설득해 보려 노력할수록, 내 꿈은 더욱 작아지고 의기소침해진다. 결국에는 '이러한 시선에도 불구하고 차근차근 내 길을 개척해 나가느냐, 중간에 포기하느냐?' 하는 결정만 남는다.

내 소중한 꿈을 지키는 데 가장 효과적인 방법은 무엇일까? 바로 '종이'와 '펜'을 준비하는 것이다. 꿈을 글로 적어보고 구체적으로 상상할 때, 보고 싶은 미래는 빠른 속도로 펼쳐진다. 꿈의 크기를 떠나서 꿈은 반드시 글로 적어보아야 한다. 이것을 우리는 죽기 전에 꼭 이루고 싶은 '버킷리스트'라고 한다.

여기에 '심장이 반응하는 버킷리스트'를 만들고, 반드시 이루어진다고 믿으며 오늘도 꿈을 향해 힘차게 전진하는 8명의 저자가 있다. 저자들은 각자의 개성만큼이나 각양각색의 꿈을 가지고 있으며 그것을 실현시키기 위해 오늘도 고군분투중이다.

저자들의 이야기에 심장이 두근거린다면, 당신도 지금 당장 버킷리스트를 작성해보라. 찬란하게 빛나는 인생 설계도를 그려보라. 뚜렷해진 목표로 빠르게 나아감을 느낄 수 있다. 그 과정에서 충만한 행복이 흘러넘칠 것이다. 이 책을 읽는 독자들에게 일상의 1분 1초도 허비하지 않고, 꿈을 향해 달려 나가는 그 두근거림을 선물하고 싶다.

2016년 1월

김지영

CONTENTS

3 CHAPTER 긍정적인 에너지로 꿈을 이루는 워킹맘

• 주유희

4 CHAPTER 세계를 무대로 활동하는 글로벌 리더

• 조맑은

사람의 마음을 얻는 여성 리더

• 박혜형

꿈은 드림보드판에서부터 시작된다

• 함명진

책을 통해 노하우와 지식을
아낌없이 나누는 삶

_김지영

김지영

건축직 공사직원, 행복메신저, 동기부여가, 자기계발 작가, 극작가 겸 배우

인하대 건축공학과를 졸업하고 공공기관에서 건축 일을 하고 있다. 평탄할 것 같았던 삶에 갑작스런 죽음의 카운트다운을 마주하면서 공학도의 틀을 깨고 나왔다. 인문학, 철학, 심리학, 성공학, 형이상학 등 다양한 분야를 탐구했고, 현재 '행복메신저'로서 제2의 인생을 살고 있다. '전 세계인의 최상의 행복'을 목표로 하는 개인서서를 준비 중이다.

- E-mail_ bluedawn228@naver.com
- Blog_ http://blog.naver.com/bluedawn228

1

건축 분야 스페셜리스트 되기

나는 매우 어릴 적부터 아르바이트를 했다. 초등학교 수업을 마치면 곧장 어머니가 운영하는 식당으로 달려가 일손을 거들었다. 손님들이 식당에 들이닥치는 저녁 시간에는 화장실 갈 겨를도 없이 매우 바빴다. 내가 맡은 일은 식당 홀을 전체적으로 보는 것이었는데 특히, 여름 방학 시즌이면 나의 아르바이트는 대 성수기였다. 근처에 건축 공사 현장이 많아 공사 호황기인 여름에는 공사판 인부들이 우리 식당으로 쏟아져 들어왔기 때문이다. '백반집'이 '함바식당'이 되는 것은 순식간이었다. 인부들은 항상 입에 닳도록 나를 칭찬했다. "아이구, 꼬맹이 아가씨가 일당백이네! 최고야, 최고!" 그분들이 엄지를 치켜드는 것에 말로는 다 표현할 수 없는 뿌듯함을 느꼈다.

건축 현장을 총괄하는 소장님께서는 항상 작업복에 등산 양말을 신고 계셨지만 거친 복장과는 다르게 부드러운 인상에 신사셨다. 소장님께서는 식사하러 오실 때마다 내 용돈을 챙겨주셨다. 음식을 테이블에 서빙하며 본 소장님의 모습은 항상 인부들이 진심으로 따르는 좋은 모습뿐이었다. 나도 모르는 새에 '나도 저분처럼 자기 일을 멋지게 해내고 아래 사람들에게 덕으로 인정받는 윗사람이 되고 싶다!'라는 생각을 하게 되었다.

시간이 흐르고 우리 식당은 싸고 맛있는 '함바식당'으로 유명해져 비교적 먼 곳에 있는 현장 배달까지 손을 뻗었다. 어느새 나는 마트 카트에 뚝배기가 가득 담긴 쟁반을 4층으로 켜켜이 쌓아 공사판으로 배달을 나가고 있었다. 그때 나는 중학교 1학년이었다. 공사 현장은 말 그대로 아비규환 쓰레기장이 따로 없었다. 널부러진 폐콘크리트 잔해들과 건축 자재들, 먼지를 옴팡 뒤집어쓴 꾀죄죄한 인부들이 나를 환하게 맞아주었다. 인부들은 그 바닥에 신문지를 대강 깔고 아무렇게나 둘러앉아 음식을 참 맛있게 먹었다. 나는 그들이 다 먹을 때까지 기다리며 공사현장 곳곳을 구경하다가 다 먹은 그릇들을 다시 카트에 층층이 정리하여 식당으로 돌아왔다. 나는 그렇게 때때로 아비규환의 건축현장으로 마실을 나왔다.

어느 날은 콘크리트가 타설되어 건물이 계속 위로 올라가고 있었고, 어느 날은 내부를 깔끔하게 하는 미장공사가 한창이었고, 또 어느 날은 창호와 유리공사가 진행되었다. 시간이 얼마나 흘렀는지, 가늠할 수 없게 오랜만에 그곳을 찾았을 때에는 처음의 아비규환 쓰레기장은 온데 간데 사라지고 5층짜리 예쁜 호텔이 자리하고 있었다.

건물을 들어가 보니 문부터 스페셜했다. 내부는 노르스름한 예쁜 조명들이 알알이 박히고 사방이 온통 대리석으로 치장되어 '아름다움 그 자체'였다. 그야말로 '헉!' 소리가 저절로 나오며, 엄청난 것을 보느라 숨을 몇 초간 안 쉬었는지 기억도 안 날 정도로 알 수 없는 기분이 들었다. 태어나 처음으로 붉은 에너지가 온몸을 휘감고 심장이 터질 듯한 감정을 느꼈다. 나는 그날 이후로 길거리에 아무 공사판만 보면 심장이 두근거려 몇 초간 그 앞을 멈춰 서서 응시했다가 다시 가던 발길을 재촉하는 이상증세를 보이기 시작했다. 등굣길에도 하굣길에도 친구를 만나러 갈 때에도 심지어는 아르바이트를 할 때에도 그랬다.

그 다음 해 다시 돌아온 아르바이트 대 성수기에 나는 우리 식당으로 물밀 듯이 들어오는 인부들에게서 묘한 동질감까지 느꼈다. '우리 인부들, 밥 맛있게 드시고 아름다운 건물 완성하러 가셔야 하는데!' 그렇게 생각이 들자 인부들의 발 냄새와 땀 냄새마저 그렇게 멋져 보일 수 없었다. 그때 나는 이것이 내가 중학생 때 가슴 뜨겁게 품은 '꿈'이라는 것을 깨달았다.

학교에서 성적을 잘 받아오면 어머니가 동네방네 자랑하는 모습이 좋아 열심히 공부하던 아이가 어느 순간부터 '건축공학도가 되려면 고등학교는 이과를 가야해. 이과는 수학 과학을 매우 잘해야 하는 곳, 나는 무조건 그 공부를 열심히 한다!'라는 단순하지만 똑 부러지는 생각을 가지게 되었다. 사실 건축공학도가 되는데 직접적으로 필요치 않아 보이는 음악, 영어, 도덕 등의 과목들은 반 꼴찌를 해도 관심이 없었다. 고등학교에 입학하여 이과를 선택하고 그 누구보다 신나게 공부했다. 매일 등굣길에 보이는 공사판을 보며 '조금만 기다려. 내가 곧 거기에 있을게!'라고 매일 다짐했다.

친구들이 고3 학업 스트레스에 힘겨워할 때 나는 그 이유를 듣고 까무러치게 놀랐다. 친구들이 공부를 열심히 하는 이유가 무조건 좋은 성적을 받아 'In서울 대학'에 가기 위함이라고 했다. 나는 친구들에게 물었다. "왜 인서울 대학을 가야하지?" 그 말에 친구들은 당연한 걸 왜 물어보냐는 듯 "부모님이 그러는데 그래야 사람대접 받고 잘 살 수가 있대."라고 말했다. 유명 대학에만 갈 수 있다면 농사에 '니은' 자도 관심 없는 애들이 '농업과'를 가게 되도 상관없다고 했다. 고3은 당장 꿈을 선택하라고 강요받는 나이였다. 그런 친구들을 보고 있노라면 너무나 안타까운 기분이 들었지만 나는 친구들에게 "그래, 우리 공부 열심히 하자!"라는 말 한마디 외에는 해술 수 있는 것이 없었다.

나는 매일 아침 등굣길에 '원하는 대학에 건축공학과 수업을 들으며 캠퍼스의 낭만을 즐기는 미래의 나'를 끊임없이 상상했다. 허무맹랑한 꿈일지라도 그 꿈밖에 나는 가진 것이 없었다. 교회를 다니지 않는 내가 그 시기에는 매일 같이 하늘에 계신 아버지를 찾았다.

"제발 도와주세요. 그 누구보다 열심히 할게요. 부모님 호강도 시켜드리고요. 제발요."

그 힘겨운 싸움 끝에 나는 내가 1순위로 손꼽았던 곳, 인하대학교 건축공학과에 당당히 합격통지서를 받아내었다.

대학생이 되어서도 '열심히 사는 DNA'는 내 자산이 되어주었다. 그 누구보다 열심히 학업과 동아리 활동, 아르바이트를 병행했다. 언제 어떻게 시간이 흘러버린 건지 알 수 없게 어느 덧 나는 준비된 것 하나 없는 4학년 취업준비생이 되어 있었다. 1년에 100번 이상의 '서류 광속탈락' 속에서 건축업의 지독한 취업난을 피부로 체감했다. 또 다시 큰 장벽을 만난 듯 몸과 마음이 날이 갈수록 피폐해져 갔다. 스펙을 쌓기 위한 비용도 만만찮았기에 1학년 때부터 들었던 적금을 깨서 스펙전쟁에 온몸을 내던졌다. '나는 1년 안에 이 전쟁에서 반드시 승리한다. 결과로 보여준다'고 다짐했다. 귀 닫고 입 닫고 친구들 만나는 것도 자제하고 오로지 공부와 그룹 스터디 모임에만 집중했다. 나는 1년 반에 그토록 원했던 한국철도공사 건축 직렬에 입사하게 되었다.

앞으로 내가 펼쳐 보일 꿈은 건축분야의 스페셜리스트가 되는 것이다. 이 꿈은 대학에서 배운 이론과 회사에서 직접 해보는 실무가 상호보완작용을 해야만 가능하다. 앞으로 3년 동안은 건축 관련 기사 자격증을 착실히 취득하여 이론과 실무의 접점을 찾을 것이다. 스펀지와도 같은 자세로 회사 선배님들과 동료들의 노하우를 빠르게 흡수하여 추후에는 건축물 설계부터 공사 관리감독까지 해낼 수 있는 역량을 기르겠다.

그 후엔, 내가 가진 지식을 아낌없이 나누어주는 선배가 될 것이다. 나는 인복이 있어 회사에 입사하자마자 뛰어난 업무역량과 인품을 가진 사수님을 만났다. 김학철 사수님은 1년 동안 나와 함께 동고동락하면서 자신이 가진 모든 노하우를 아낌없이 전수해 주시고 다른 팀으로 발령받아 떠나셨다. 아무것도 모르는 풋내기 신입에게 자신이 알고 있는 모든 것을 알려주시기 위해 엄청난 열정을 쏟아내시는 걸 보면서 머리를 한 대 쾅 맞은 것만 같았다. 나부터 바뀌어 회사 풍토가 바뀔 수 있다는 생각은 미쳐 해보지 않은 것이 매우 부끄러웠다. 나를 뛰어넘을 수 있게 도와주는 주는 것이 선배의 역할이라는 생각을 그 분 덕분에 가지게 되었다.

그리고 건축분야에 최고의 자격증이라고 할 수 있는 OO기술사 자격증을 취득하여 스페셜리스트로서 인정받을 것이다. 'OO기술사'라고 미정으로 둔 이유는 건축 관련 기술사에도 종류가 굉장히 많은데 앞으로 3년 동안은 많은 기사 자격증을 취득하고 실무를 병행하면서 평생을 공부해도 좋을 관심 있는 분야를 찾을 계획이기 때문이다. 기술사를 취득한 후에는 그 분야의 스페셜리스트로서 관련 책을 펴내고 싶다.

나는 나의 팬으로서 미래의 나를 응원한다. 나는 건축분야 스페셜리스트가 되고 만다!

2

항상 도전하고 배우는 삶 살기

나는 훌륭하신 부모님 밑에서 "항상 배우고 도전해라."는 가르침을 받으며 자랐다. 내가 태어나 처음으로 도전했던 것은 고등학교 교내 연극동아리 '온새미로'에 가입한 일이었다. 건축을 꿈꾸며 열심히 공부함과 동시에, 연극 활동으로 학교생활을 보다 재미있게 할 수 있을 것 같았다. 또, 사람들 앞에 서서 말을 하는 것에 울렁증이 있는 내 성격을 바꿔보고 싶다는 생각이 들었다.

하지만 재미있게 공부와 연극을 병행할 수 있을 거라 믿었던 내 생각은 엄청난 착각이었다는 것을 동아리 활동 한 달 만에 깨달았다. 연극은 혼자 하는 것이 아니었다. 학교를 마치면 연극부원들이 하나둘씩 교내 소강당에 모여 2시간 이상씩 매일 연습을 해야 했다.

배역이 주어지면 그 배역을 연구하고 대사를 외워서 나의 것으로 만든 후, '약속된 장면'에서 '약속된 대사'와 '약속된 감정'으로 상대와 호흡해야 했다. 절대 혼자 하는 일이 아니었다. 내가 등장하지 않는 장면을 친구들이 연습할 때는 무한 대기하며 친구들의 연기를 비평하고, 새로운 아이디어를 제시하는 것이 일상이었다.

3개월 뒤, 나는 공부와 연극을 병행하는 것에 점차 힘이 부친다는 생각을 떨칠 수 없었다. 학교를 마치면 학교 소강당으로 가 부원들과 연극 연습을 2시간가량 한 뒤, 부리나케 학원으로 달려가 열심히 공부했다. 학원을 마치고 집에 돌아오면 다크써클은 턱 밑까지 내려와 산송장이 따로 없었다. 아침에 눈을 뜨면 다시 학교, 연극연습, 학원이 반복되는 삶이었다. 하지만 배역은 이미 주어졌고, 부원들과의 연습도 일정부분 마무리 된 상태에서 무책임하게 손을 뗄 수 없었다. '그래, 깨어 있는 시간에 시간을 잘게 쪼개 쓰며 끝까지 잘 해보자!'고 다짐했다.

우리 동아리는 학교 축제 공연을 시작으로 여러 전국 대회에 출전했고 단체 부문과 개인 부문에서 상을 휩쓸며 성과를 거두었다. 학교에서도 플랜카드를 걸어주며 우리의 활동을 자랑스럽게 여기고 지원했다. 무대 뒤에서 보이지 않게 흘린 땀방울의 양만큼 공연을 본 선생님들과 친구들의 반응이 폭발적이었다. 특히, '전국청소년연극제'에서 매년 본선에 진출하는 쾌거를 이루며 '예술의전당'에서 공연했다. 2008년에는 전국청소년연극제에서 '단체부문 대상'이라는 영광을 안아 부상으로 일본에 있는 '세타가야 퍼블릭 시에터'에서 초청 공연을 할 기회가 주어졌다. 연극이라는 매개체로 일본 친구들과 소통했던 기억은 나에게 특별한 경험으로 남아있다. 그리고 '도전'을 통해 '기회'를 잡는 것이 때때로 '행운'으로 이어진다는 것을 몸소 체험했다.

4만 명의 운명학적 특징을 분석해 운의 원리를 연구한 이정일 〈운테크연구소〉 소장은 "변화는 행운이다. 변화는 반드시 나에게 도움이 된다."는 신념을 가지고 변화를 겸허히 받아들이라고 말한다. 도전은 나의 몰랐던 모습을 발견해나가는 매력적인 행위이다. 도전을 하게 되면 내면과 외면에 새로운 변화가 일어나고, 그 변화를 받아들이는 순간 행운의 여신이 함께한다.

나는 고교시절 작은 도전이 뜻밖의 행운으로 이어지는 것을 몸소 체험하며 "나비의 작은 날개짓처럼 작은 변화가 어떤 곳에는 폭풍우와 같은 커다란 변화를 유발시킨다."는 나비효과를 절대적으로 믿게 되었다. 깨달음 이후에 나는 100원이 있으면 90원을 자기계발에 투자하며 '하고 싶은 것'과 '배우고 싶은 것'은 무조건 도전하고 경험하는 삶을 살고 있다. 대학교 방학은 황금과도 같은 시간으로 여겨졌다. '저거 하는 사람, 너무나 멋져 보이는데?' 싶으면 직접 해보았다. '저거, 너무나 배우고 싶은데?' 싶으면 당장 배웠다. 내가 행하는 많은 도전이 내 삶에 기쁨조 역할을 했다. 등산, 수영, 볼링, 댄스스포츠, 2D, 3D컴퓨터 툴 등 기회가 닿을 때마다 도전했고 배웠다.

주위 사람들이 "왜 그렇게 스스로를 힘들게 하는 삶을 사는 거지? 좀 쉬엄쉬엄해." 의아해하며 묻는다. 나는 도전 이외에도 학업과 아르바이트와 동아리활동을 병행하며 치열하게 스케줄을 관리하는 삶을 살고 있었기 때문에 주위사람들의 물음이 어느 정도 수긍이 되었다. '나는 왜 이렇게 치열하게 살까?' 곰곰이 생각해보았다. 도전하고 경험하다보면 반드시 그 안에서 새로운 무언가를 배우게 된다. 미처 몰랐던 나의 모습과도 마주하며 나의 잠재력은 무궁무진하다는 생각이 든다. 무엇보다 그 과정에서 뛰는 심장을 가지며 내가 살아있다고 느낄 수 있다.

《조이럭 클럽》의 저자 에이미 탄은 이렇게 말했다. "행운과 기회는 같은 것이 아니다. 기회는 우리가 미래를 향해 힘껏 내딛는 첫걸음이며 행운은 그 뒤에 오는 뜻밖의 결과다."

도전하고 나면 반드시 성공하게 되어있다. '하고 싶은 것은 어떻게 해서든 일단 지르고 보자!'는 생각과 직감은 단 한 번도 나를 실망시킨 적이 없다. 작은 성공들이 모여 나라는 사람에 대한 자신감을 갖게 해준다. 그 자신감을 바탕으로 그 무엇도 이룰 수 있다는 '큰 성공'에 대한 확신도 가질 수 있다. 마음의 소리에 귀를 기울여 하고 싶은 것들을 차근차근 도전하는 것에서부터 '큰 성공'과 '행운'이 따른다.

대학 수업 과정 중에는 발표 수업이 많았다. 내가 발표자의 역할을 수행해야 할 때 고교시절 연극을 했던 경험을 떠올렸다. 충실하게 대본을 작성하고 암기한 뒤 관객과 호흡할 정도의 수준이 되기까지 많은 연습을 한다. 발표 연습도 하다보면 는다. 눈빛과 손짓, 목소리 크기, 톤 등 디테일 한 것들을 모두 정하고 연습하여 마치 '연극'을 하듯이 PPT 발표를 수행한다. 나의 자신감 넘치는 프레젠테이션을 본 팀원들과 교수님은 칭찬을 아끼지 않는다. 프레젠테이션에 관한 칭찬을 들을 때마다 나는 생각한다.

'내가 예나 지금이나 발표 울렁증이 얼마나 심한지 그들은 알아야만 해.'

나는 아직도 발표 울렁증이 있다. 면접처럼 '즉문즉답'을 해야 하는 상황은 두렵기만 하다. 그러나 모든 것들은 연습하면 안 될 것이 없고, 과거의 경험들이 나라는 사람을 잘 이끌어 줄 것이라는 자신감이 있다. 내게는 작지만 많은 도전들이 가져다준 자기 확신이 있다.

현재 나는 회사 본업 외에 재능기부의 일환으로 감사실에서 추진하는 '청렴 프로젝트'에 참여하고 있다. 회사 내 '반부패·청렴문화 확산'이라는 슬로건 아래 청렴 연극 작가와 배우로서 활동하며 전국의 철도 직원들을 상대로 청렴 연극을 선보이고 있다. 청렴이 결코 딱딱한 주제가 아니라는 것과 청렴은 우리 마음속 작은 부분으로부터 시작된다는 것을 알리는 홍보대사의 역할을 하면서 오히려 내가 새롭게 배우는 것들이 많다. 발표 울렁증을 극복하고자 도전했던 것들이 꼬리에 꼬리를 물고 상상치 못한 '행운'으로 계속해서 이어진 결과다.

나는 앞으로도 100원이 있으면 90원을 자기계발에 투자하여 배우고 도전하는 삶을 살 것이다. 그리고 주위에 도전을 망설이는 사람들이 있다면 회초리를 들고 도전의 세계에 밀어 넣어주고자 한다. 도전하면 반드시 성공하게 되어있다. '행운'이라는 것은 현재의 안일함을 깨부수고 나오는 도전에서 시작된다. 나의 성공은 새로운 도전과 배움을 통해 이미 시작되었다.

3

생각의 집을 짓고 알맹이를 나누는 작가 되기

꿈에 그리던 회사에서 건축 직렬 인턴사원이 되었을 때 나는 매우 설렜다. 4개월 뒤 전체 인원의 70% 정규직 전환이라는 꿈에 부풀어 완벽한 계획으로 달려들었다. 어렸을 적부터 몸에 새긴 '열심히 사는 DNA'가 나를 원하는 목적지까지 잘 이끌 것이라 믿어 의심치 않았다. '드디어 꿈꾸던 회사에서 건축으로 돈을 벌 수 있다!'는 생각에 나는 매우 설렜다.

그런데 인턴 시작 3주 만에 사건이 발생했다. 갓 스무 살이 된 남동생에게 병이 찾아온 것이다. 사랑하는 이의 병을 지켜보는 일은 그 어떤 시련보다 가혹했다. 삶과 죽음의 경계를 아슬아슬하게 외줄타기 하는 그를 지켜보며 '차라리 내가 아팠어야 합니다. 이제 막 피어나는 꽃과 같은 이 아이만큼은 안 됩니다. 내가 내 삶을 꾸려나가기 바빠 동생을 돌보지 못했습니다. 내가 잘 신경써주지 못해 병에 걸린 것입니다'라는 생각만 되뇌며 죄책감에 시달렸다.

5살 때 아버지가 돌아가시고서 우리 가족은 경제적으로 많이 힘들었다. 현재 마음으로 낳아주신 아버지가 곁에 계셔도 넉넉지는 않다. 하지만 고생을 고생이라 생각하지 못할 만큼 매순간 우리는 최선을 다해 살았고 소소한 것으로 행복했다. 어머니와 남동생은 내게 산소와도 같은 존재였다. 내가 하는 일이라면 무조건 지지해주는 영원한 내 편이었다.

남동생은 동생이라기보다 나의 가장 친한 친구이자 내 고민상담사였다. 가장 힘들었던 시기에 유일한 엔도르핀이 되어줬고, 평생을 함께할 가족으로서 내가 치열하게 공부해서 꼭 성공하고 싶은 이유 그 자체였다. 그가 병을 겪는 과정을 지켜보면서 나는 태어나 처음으로 깊은 절망의 구렁텅이에 빠졌다. 처음으로 세상을 원망하고 증오했다.

'도대체 우리 가족이 무엇을 얼마나 잘못했다고 이런 말도 안 되는 시련들만 주시는 겁니까? 하늘에 누군가 계시다면 당신은 양심이란 게 있으십니까? 하루하루 최선을 다해 살아온 나에게 당신이 주는 것이라곤 또 다른 절망입니까!'

나를 낳아주신 하늘에 계신 아버지께도 예외는 없었다.

'하늘에서 우리 가족 지켜주지도 않으면서 당신이 도대체 한 게 뭡니까? 아 딱 한 가지 하셨네요. 28살 꽃 다운 나이에 우리 엄마 시집오게 해놓고 동생이 태어난 지 7일 만에 세상을 떠나버린 무책임함이요.'

모든 것들에 대한 분노가 긍정적이었던 나를 한없이 집어 삼켰다. 누군가에게 내고 있는 화는 도무지 알 수 없는 마음속 깊은 곳에 울분과 억울함이었다. 인턴 생활 내내 동생은 매우 아팠고 나는 출퇴근길 열차 안에서 매일 눈물을 쏟아냈다. 내가 견딜 수 없게 비참했던 것은 무수히 많은 사람들 속에서 조용히 눈물 흘리고 아무렇지 않게 쓱쓱 닦아내는 일이 내게는 매우 익숙하다는 사실이었다.

회사에서 나는 파릇파릇한 인턴사원으로서 티 없이 밝게 웃었고, 그 누구보다 열정적으로 임했으며 모든 일에 최선을 다했다. 인턴 최종 평가는 4개월 간 5과목 시험, 프레젠테이션 발표 2번, 회사생활 근무평가와 최종면접으로 이루어졌기에 주말에도 꾸준히 시험공부를 해야 했다. 토요일은 독서실에, 일요일은 가족과 보내며 시간을 안배를 했다. 그런데 사랑하는 동생이 죽음 근저를 서성이는 와중에 독서실에 앉아있는 그 귀한 시간에도 나는 공부에 집중하지 못하고 머릿속의 잡음만 떠올라 멍해졌다.

'인생이란 과연 무엇일까, 나는 왜 살아야 하는 걸까, 나는 어떻게 살아야 하는 걸까, 나만이 가진 존재의 의미가 과연 있을까.'

마음속에 떠오르는 잡음이 계속해서 나를 괴롭혔다. 인턴 4개월이 마치 4년이 흐르는 듯 시간은 더디게 가고 힘들지 않은 날이 없었다. "이 또한 지나가리라. 모든 고통은 지나가리라."라는 누군가의 말처럼 묵묵히 견뎌내는 것뿐이었다.

삶을 버텨내기 위해 버티고 있는 나에게 인턴생활 마지막 날, 깜짝 선물이 기다리고 있었다. 인턴과정 '수석'이라는 꼬리표와 함께 신입사원 대표로 한국철도공사 최연혜 사장님께 임명장을 수여받게 된 것이다. 2014년 12월 29일, 연말의 생생하고도 놀라운 선물이 "내년부터는 좋은 일만 있을 거야. 힘내."라는 위로같이 느껴졌다.

나는 신입사원이 됨과 동시에 그동안 미뤄두었던 마음의 소리에 귀를 기울였다. 공자의 《논어》를 시작으로 윤재근의 《우화로 즐기는 장자》, 아우렐리우스의 《명상록》, 존 스튜어트 밀의 《자유론》, 마이클 샌델의 《정의란 무엇인가》, 줄스 에반스의 《철학을 권하다》 등의 책들을 섭렵하며 시련을 견디는 단단한 마음을 배웠다. 또, 시중에 나온 동생의 병과 관련한 책을 모조리 구매하여 읽으면서 병을 공부하기 시작했다. 동생이 병을 이겨내는데 나만이 할 수 있는 일이 반드시 존재할거라는 실낱같은 희망을 붙들고 있었다. 많은 철학책과 병 관련 책들을 섭렵하며 '힘든 시기까지 소중한 내 삶이다. 나만이 가진 메시지를 반드시 찾아내고 이 상황을 극복하고 만다!'고 다짐했다. 나는 두 팔 벌려 역경을 있는 그대로 받아들였다. 몇 개월간의 방황 끝에 머릿속에 단 하나의 단어가 스쳐 지나갔다.

'작가가 되자!'

이 역경을 반드시 극복해서 깊은 절망 속에서 나를 구해준 철학적 해답에 관한 이야기를 다른 사람들에게도 꼭 알려주고 싶어졌다. 나만이 가진 메시지가 있다고 확신했다. 무엇보다 동생의 병과 관련한 책을 모조리 사서 읽으면서 환우와 환우 가족들에게 더욱 쉽게 풀이되고 공감되는 책은 없다는 것에 갈증을 느끼고 있었다. 시중에 나온 책으로는 가려운 부분을 긁어내기 힘들었다. '그 누군가'가 책을 보다 쉽고 공감되게 써주길 바랄 것이 아니라 '그 누군가'가 내가 되면 된다는 생각이 번뜩였다. 목마른 자가 우물을 판다고 내 스스로 나의 갈증을 해결하기로 결심했다.

오프라 윈프리는 자서전을 통해 내 등을 토닥이고 위로하며 이렇게 말했다.

"당신이 보고 싶어 하는 그 변화의 주체가 되세요. 이것은 제가 인생의 신조로 삼고 있는 말입니다."

세상에서 제일 힘든 것이 '나'라는 생각에서 나의 도움을 필요로 하는 '타인'에게 시선을 돌리자 길이 보이기 시작했다. 내가 가진 스토리로 '알맹이를 나누는 작가'가 되겠다고 결심했다. 마음이 바뀌자 하고 싶은 것도 꼭 내가 해야만 하는 것도 많아졌다. 좌절하고 방황하며 죽어가던 심장이 다시 뛰기 시작한 것이다.

이제 나는 작가로서의 버킷리스트를 세상에 선포하고자 한다.

첫째, 진정성을 무기로 내가 가진 스토리를 세상에 풀어놓음으로써 세상에 꼭 필요한 존재가 된다. 무엇보다 '알맹이를 나누는 작가'가 되기 위해 노력한다.

둘째, 동생의 병과 관련하여 환우 가족 입장에서 책을 펴내어 다른 환우와 가족들에게 병에 관한 이해를 높이고 아픔을 함께 공감하며 위로를 건 내는 작가가 된다. 책이라는 매개를 통해 우리 모두가 함께 병을 극복한다.

셋째, 나는 취업전쟁에서 승리했고 공공기관 수석으로 입사하면서 나만의 축적된 노하우가 있다. 시간관리 비법을 담은 책, 스펙전쟁을 단기간에 옳은 방향으로 끝낼 수 있는 방법 등의 책을 펴내어 나만의 노하우가 누군가에게는 등대와 같은 길잡이가 되길 소망한다.

넷째, 10여년 뒤에는 건축 스페셜리스트로 성장하여 건축 관련 전문지식을 담은 책을 펴낸다. 김학철 사수님과 같이 내가 가진 업무 노하우를 후배들에게 아낌없이 전수하여 후배들이 나를 뛰어넘을 수 있도록 돕는다.

나는 생각의 집을 짓고 알맹이를 나누는 작가가 되고 만다!

4

빛드림(빛·Dream) 재단 설립하기

　나는 대학생 시절에 많은 아르바이트로 돈을 벌어 공부했다. 아르바이트와 학업, 동아리 활동 등 많은 도전들을 병행하며 시간을 쪼개 썼다. 패밀리 레스토랑 주방에서의 설거지, 수학 학원 선생님뿐만 아니라 때때로 나는 정당한 방법으로 많은 돈을 단기간에 벌기 위해 20대 여성을 통틀어 거의 최초로 건축현장 막노동 아르바이트도 했다.

　준비된 것 하나 없이 취업전선에 떠밀려졌을 때, 나는 1학년 때부터 차곡차곡 모아두었던 적금을 깨서 스펙전쟁에 온몸을 내던졌다. 하루 빨리 취업에 성공해서 집안에 기둥이 되어야만 한다는 생각에 조바심이 났다. 나는 시간도 없었고, 경제적 여유는 더더욱 없었다.

학업에만 충실하려면 무엇보다 돈이 있어야 한다. 그런데 돈을 벌려면 아르바이트를 해야 하기에 공부를 할 시간을 빼앗긴다. 그로 인해 학점을 잘 받지 못하면 몇몇 과목은 다음 학기에 재수강을 해야 한다. 그렇게 되면 또 다시 나는 다음 학기를 버티기 위해 많은 아르바이트를 해야 한다.

나는 아르바이트 핑계를 대며 학점관리를 잘 하지 못한다는 이야기를 듣게 될까봐 불안했다. 그 악순환의 고리를 겪게 되는 것이 세상에서 가장 끔찍하다고 여겼다. 여러 가지 일을 병행한다는 것은 많은 위험요소와 불안이 따른다. 그러나 나는 여러 가지 일을 병행할 수밖에 없는 처지였다. '해야만 하는 것'과 '하고 싶은 것' 모두를 해내고 싶은 욕심쟁이였다. 내가 손대는 것들은 아주 잘하고 싶었다. 나는 여러 토끼들을 잡으려다 모두 다 놓칠 수도 있음을 늘 염두하며 두려웠다. 하지만 '나 스스로를 믿는 것'과 '나 스스로 잘할 수 있다고 격려하는 것' 밖에는 달리 방도는 없었다.

버진그룹의 회장 리처드 브랜슨은 15살의 나이에 〈스튜던트〉라는 잡지를 창간했다. 어린 나이에 그는 대학을 가지 않고도 최고로 멋진 삶을 살 자신이 있었고, 사업가로 성공하겠다고 다짐했다고 한다. 당시 어린 그가 자신의 심정을 담아 부모님께 다음과 같은 편지를 썼다.

"저는 살면서 무엇을 하든 대충하는 것이 아니라 아주 잘하고 싶습니다. 이 일을 하면서 두 마리 토끼를 잡으려다가 둘 다 놓칠 수도 있음을 깨닫게 됐고, 지금도 잘 알고 있습니다. 제가 가진 모든 것을 잃을 수도 있으며, 뭔가를 이루고자 한다면 우선순위를 정해야 한다는 것도 압니다. 저는 이제 열여섯 살밖에 되지 않았습니다."

리처드 브랜슨은 잡지를 창간할 당시에 무엇을 하든 대충하는 것이 아니라 아주 잘하고 싶어서 불안에 떨었다. 나 또한 내가 꿈꾸는 모든 토끼들을 놓치지 않고, 매우 잘 하기 위해 불안을 딛고 차츰 차츰 '생존 스케줄러'로 거듭났다. 항상 여러 토끼들을 잡기 위해 고군분투했다. 고교시절엔 학교, 학원, 연극을 병행했다면 대학시절엔 학교, 아르바이트, 컴퓨터 툴 동아리, 각종 도전들 그리고 연애 또한 포기하지 않으며 모든 토끼들을 잡기 위해 뛰었다. 나는 나만의 '우선순위 법칙'을 만들었다. 친구들이 "너의 보물 1호는 뭐야?"라고 물으면 나는 망설임 없이 "나의 다이어리!"라고 외치며 점차 '시간 관리의 베테랑'이 되었다.

그런데 안타까운 사실은 이렇게 치열하게 살아감에도 불구하고, 배우고 싶은 것들 앞에서 '돈이 없어서 배울 수 없는 상황'을 여러 번 마주했다는 점이다.

그때, 지쳐가는 나에게 '한국장학재단'과 '국민행복기금'은 한 줄기 큰 희망이 되어주었다. 그곳은 '미래의 나'를 보고 '보잘 것 없는 현재의 나'에게 투자해주는 유일한 곳이었다. 그곳에서 나의 대학 등록금을 저금리로 빌려주었다. 나는 아르바이트로 최저생계비와 학업비용만을 벌면 되었다. 그것만으로도 숨을 쉬고 살아가는 데 큰 힘이 되었다. '미래의 나'를 보고 '보잘 것 없는 현재의 나'에게 투자해 주는 그들은 나의 수호천사였다. 나는 숨을 쉴 수 있었기에 여러 토끼들을 잡으며 좌절하지 않았다고 확신한다. 희망만을 쫓아 앞만 보고 달려 나갔다. 그들에게 비록 큰 빚을 졌지만 덕분에 학업을 포기하지 않을 수 있었고, 포기하지 않으니 다시 학교에서 '성적 우수 장학금'을 받는 것으로 돈을 벌게 되었다. 여유가 생기자 다시 열심히 공부와 아르바이트를 병행하면서 선순환 고리를 유지했다.

현재의 나는 회사에서 열심히 일하면서 차츰차츰 빚으로부터 해방되고 있다. 이제 직장인과 작가라는 두 가지 삶을 병행하면서, 도움을 받던 입장에서 나의 도움을 필요로 하는 누군가에게 도움을 줄 수 있는 입장으로 서서히 변화하고 있다. '나'를 중심에 두고 생각하던 관점이 '타인'에게로 옮겨가고 있다.

세상에서 가장 가난한 대통령이지만 가장 행복한 대통령이라 불리는 우루과이의 호세 무히카 대통령은 가난한 이들과 나누는 삶을 중요한 가치로 선택했다. 허름한 차림의 평범한 백발 할아버지인 그는 2010년 대통령직을 취임하고서 2015년에 후임자에게 정권을 이양해주고 퇴임했다. 그는 가난한 이들에게 자신이 가진 모든 재산을 기부한 뒤, 현재는 그의 고향인 몬테비데오로 돌아가 농사를 지으며 살아가고 있다.

"부인과 둘이서 직접 요리해요. 가사 도우미는 없어요."

그는 백발 할아버지이지만 대형 트랙터를 몰며 밭을 갈아 먹을거리를 마련하고 살아간다. 월급으로 받는 급여 역시 빈곤층과 소상공인을 돕는 단체에 기부하며 살고 있다. 전 재산이라고는 1897년식 비틀 자동차 한 대뿐이다. 그는 전 세계에서 가장 검소한 생활을 몸소 실천하며 사는 정치인으로 꼽힌다.

호세 무히카 대통령의 일화를 읽으면서 내가 앞으로 추구하고 싶은 삶의 방향이 확고해졌다. 내가 최종적으로 추구할 가치가 무엇인지 깨달았다. 십여 년 뒤쯤엔 아니 내가 노력한다면 그것보다 더 빨리 '빛드림(빛·Dream)재단'을 설립하겠다는 꿈 너머 꿈을 꾸고 있다. 젊은 인재들에게 학자금 대출이라는 '빚'이 아닌 '빛'이라는 꿈(Dream)을 선물하고 싶다. 〈빛드림(빛·Dream)재단〉을 설립하여 경제적으로 여유롭지 못한 학생들을 후원하면서 나의 꿈 또한 이룰 것이다. 젊은이들의 꿈이 외부 상황에 좌절되지 않게 '동기부여'하는 일을 하고 싶다.

나는 이 소중한 공간에서 〈빛드림(빛·Dream)재단〉의 설립목표를 세상에 선포하고자 한다.

첫째, 배움의 현장을 놀이터로 생각하는 인재들에게 기회를 준다. 억지로 하는 공부가 아닌 본인이 즐거워서 하는 진정한 공부쟁이를 후원한다.

둘째, 긍정적인 인재들을 선발한다. '동기부여가'들의 몇 마디 조언으로 스스로 동기부여 할 수 있는 긍정적인 사고를 지닌 인재들에게 기회를 준다. 스멀스멀 모습을 드러내는 부정적인 생각들을 과감하게 밀어낼 수 있는 마음의 회복탄력성을 가진 인재에게 기회를 준다.

셋째, 무엇보다 그들의 빛나는 미래를 열렬히 응원한다. 여기에서 나고 자란 젊은 인재가 자신이 후원받은 것에 대한 감사함을 잊지 않고, 다른 사람을 살리는 큰 인물로 성장하여 세상을 바꿀 것이라 믿어 의심치 않는다.

사람이 잘 산다는 것은 혼자서는 결코 잘 살 수 없다는 의미가 포함되어 있다. 주위 사람들과 함께 가야한다. 그리고 현재 도움을 받는 입장이라면 하루라도 빨리 도움을 주는 입장이 되어야 한다. 결국에 잘 산다는 것은 누군가의 마음에 씨앗을 심는 일이다. 어떤 씨앗은 내가 심었다는 것조차 까맣게 잊고 있다가 후에 쑥쑥 자라 커다란 나무가 된다. 작은 호의가 그것을 받는 사람의 인생에는 큰 변화의 물결이 될 수 있다.

미래에 나는 '빛드림(빛·Dream)재단'을 반드시 설립한다! 젊은 인재들의 마음에 조약돌을 살포시 던져 변화의 큰 물결을 만든다. 상상만 해도 두근거린다! 이를 실현할 언젠가를 손꼽아 기다리며 현재에 최선을 다해 산다. 그리고 나와 함께 이를 실현할 누군가 역시 기다린다. 그 누군가는 바로 당신이 될 수도 있다!

5

가족과 해외여행 후 에세이 출간하기

내가 갓 스무 살이 되었을 때, 어머니의 권유로 나는 홀로 2개월간의 필리핀 어학연수를 가게 되었다. 나는 두려웠지만 프랑스의 소설가 파울로 코엘료가 했던 말을 떠올리며 용기를 가졌다. "여행은 언제나 돈의 문제가 아니고 용기의 문제다." 나는 영어에 관심이 없었고, 잘하지도 못했다. 그러나 용기를 가지고 다른 세상과 부딪혀보는 것이 재미있을 것 같다는 생각을 했다. 홀로 비행기에 오르고, 타지에 첫 발을 내딛었을 때의 그 기분을 아직도 잊지 못한다. 필리핀은 매우 덥고 습했으며 특유의 향이 있었다.

내가 묵은 기숙학원은 경치가 좋기로 유명한 관광지 '세부(CEBU)'에 위치했다. 평일에는 열심히 영어공부를 하고 주말에는 필리핀 여기저기를 여행할 수 있는 자유시간이 주어졌다. 그러나 기숙사에는 한국인들이 대부분을 차지했기 때문에 사실 외국인 친구들을 사귈 기회가 너무 적었다. 스무 살에 '영어 회화능력 향상'이라는 목표를 가지고 가족들과 떨어져 홀로 타지 기숙사 생활을 선택하였으나 학원 수업시간 외에는 영어를 사용하지 않고 한국인들과 어울릴 수밖에 없는 상황에 직면하면서 나는 많은 회의감을 느꼈다. '이 정도 수업은 한국에서도 가능할 텐데…'라고 생각하며 세부에서의 생활에 변화가 필요하다고 느꼈다.

이를 극복하고자 나는 기존에 학원 수업시간에만 충실하던 방법에서 벗어나기로 결심했다. 친한 현지선생님 에이프릴과 기숙사 밖에서도 잦은 만남을 가지기 위해 노력했다. 그녀와 필리핀 여기저기를 함께하면서 영어를 잘하지 못해도 의사소통은 가능하다는 자신감을 갖게 되었다. 또, 타지에서의 '진정한 친구'를 만들면서 외롭지 않게 생활할 수도 있게 되었다.

나는 그녀의 가족들과도 친해져 주말마다 그녀의 가족들과 함께 여행을 다녔다. 그 곳 사람들이 살아가는 방식 그대로 값비싼 '택시'를 이용하기 보다는 '지프니'를 이용하였고, 관광 명소로 유명한 해변보다는 톨레도 근처에 위치한 지역 해변을 찾았다. 또, 필리핀 지역 축제인 '코르도바 페스티벌'에 대한 정보를 듣게 되어 한국인으로서는 거의 최초로 그 지역축제에 참가했다. 젊음이라는 특권으로 나는 매순간 용감했고 당돌했고 과감했다. 이러한 경험을 통해 기숙사

안에선 결코 느낄 수 없는 진정한 필리핀의 문화를 매우 가까이에서 접할 수 있었다. 한국으로 떠나기 2주전, 에이프릴은 내게 그녀의 집에 머물며 그녀의 가족들과 많은 추억을 쌓고 한국에 돌아갈 것을 권했다. 나는 그녀의 가족들과 동고동락하면서 그녀의 가족들과도 진정한 친구가 되었고 하루하루 꿈속에 있는 듯한 행복을 맛봤다.

그런데 마음 한구석에는 항상 불편한 감정들이 있었다. 나는 이따금씩 가족들 얼굴이 어른거렸다. '지금 이 행복한 순간에 그들이 나와 함께 있다면 얼마나 좋을까!'라는 생각이 종종 들었다.

어학연수 내내 향수병인지 그리움인지 모를 감정들이 마음에 콕 박혀 힘들었다. 그 이후로 나는 '성공한 미래의 나'를 꿈꿀 때면 항상 가족들과 해외여행을 다니는 것을 상상했다. 가족들과 전 세계 방방곳곳을 '자유 여행'으로 다니는 상상의 나래를 펼치고 있노라면 그렇게 행복할 수 없었다. '성공한 미래의 나'를 하루라도 빨리 만나야겠다고 매일같이 다짐했다. 사이언 데이븐은 여행에 대하여 이렇게 말했다.

"인생은 짧고 세상은 넓다. 그러므로 세상 탐험은 빨리 시작하는 것이 좋다."

나는 가족들과 첫 여행지로 멕시코 '코주멜 섬'에 가기로 계획했다. 바다수영을 매우 좋아하는 나는 스킨스쿠버 다이빙과 스노클링으로 유명한 코주멜 섬의 매력에 푹 빠졌다. 물론 네이버 블로그에서 본 사진들과 후기들이 전부지만 나를 매료시키기에는 그것으로 충분했다.

코주멜 섬은 조금만 페리를 타고 나가면 스노클링을 할 수 있을 정도로 에메랄드 빛 바다와 물고기들이 많기로 유명하다. 빵조각을 던지면 고기들이 떼로 몰려들어 무서울 정도라고 한다. 그런 내용의 후기들을 여기저기서 쉽게 찾아볼 수 있었다. 내가 정말 바라던 '바다'의 모습이다! 페리에서 맛있는 음식을 먹기도 하고, 구명조끼를 착용하고 바다에 뛰어들어 스노클링을 하기도 하고 바다만이 줄 수 있는 낭만과 여유에 흠뻑 취하고 싶다. 스킨스쿠버 다이빙은 자격증이 있어야 하니 자격증이 없어도 되는 '스누바(SNUBA)'에 도전하기로 했다. 스누바는 스노클링과 스쿠버다이빙의 중간 정도로, 산소통을 등에 매지 않고 보트 위에 올려두고 그것과 나를 호스로 연결해서 숨을 쉬는 방법의 수중 레포츠이다. 스누바를 통해서 바다 5미터 정도까지 들어갈 수 있다고 한다.

바다 한가운데서 가족들과 원 없이 놀고 난 후에는 근처 부둣가로 돌아와 해변에서 아무것도 하지 않고 드러누워 신선놀음을 할 것이다. 슬그머니 배가 고파질 때쯤에 근처에 자리한 가게에 들어가 현지의 음식으로 한상을 가득 매우고 원 없이 먹어 치우고 싶다. 멕시코의 '피쉬 타코'를 꼭 먹어보고 싶다!

배불리 먹고 난 후, 여유롭게 다시 바닷가로 산책을 나와 바다의해지는 모습을 감상한다. 지는 해가 만들어내는 낙조는 일출만큼의 벅참이나 밝은 에너지는 없다. 그러나 아름다움으로 치면 낙조가 일출을 능가할 수 있다. 바닷물이 어둑해지고, 구름이 연한 분홍빛으로 물들여지는 장관을 본다. 옆에는 가족이, 내 손엔 맥주 한 캔이, 다 함께 먹는 나쵸가 있으니 지상낙원이 따로 없다. 우리가 원했던 모든 것이 그곳에 다 있다.

그날 밤, 우리가 묵을 펜션으로 돌아와 펜션 앞에 설치되어 있는 해먹을 본다. 해먹에 누워 밤공기에 취해 밤하늘의 별을 바라본다. 가족들도 나도 해먹에서 별을 보다 잠이 들었다 다시 깨서 별을 보기를 반복한다. '지금 이 순간'에 '지금 여기'를 온전하게 즐긴다. '내가 별일까, 별이 나일까?' 선선한 밤공기에 취해 천국이 따로 없다는 생각을 한다. 평생 그렇게 살 수 있다면 정말 좋겠다는 생각도 해본다. 그리고 미래의 나에게 말을 걸어본다. '나중에 집 마당에는 해먹을 꼭 설치해야겠다! 오늘과도 같은 천국을 매일 누려라!'라고 외쳐본다.

나는 '코주멜 섬'에서의 그 소중한 순간들을 글과 사진으로 엮은 에세이를 출간하고 싶다. 에메랄드 빛 바닷가를 배경으로 멋진 화보집과 같은 에세이가 출간되지 않을까 기대한다.

우리의 여행 에세이는 풍경사진을 지양하고 풍경과 사람이 한데 어우러진 행복한 순간을 있는 그대로 포착하여 엮는다. 그리고 새로운 눈으로 처음 본 세상에 대해 아주 솔직한 글들로 느낀 그대로의 그곳을 표현하고 싶다.

또, 가족들 전부가 각자 카메라를 한 대씩 들고 다니면서 사진과 동영상을 아낌없이 찍기로 했다. '셀카봉'과 '삼각대'는 필수 아이템이다! 각자의 시선으로 본 여행을 나중에 공유해 보는 것은 매우 매력적인 행위이다. 실제로 친구들과 써보았던 방법인데 매우 훌륭했다. 그것은 같은 여행을 하면서도 내가 미처 포착하지 못한 것들을 타인이 포착하여 나에게 선물하는 것과 같다.

같은 여행을 타인의 시선으로 보는 것은 새롭고 신선하다. 같은 것을 보고도 다르게 해석할 수 있다는 것을 인정하다 보면 서로를 더욱 이해하고 받아들이게 될 수 있다. 마르셀 프루스트는 여행에 대하여 이렇게 말했다.

"진정 무엇인가를 발견하는 여행은 새로운 풍경을 바라보는 것이 아니라 새로운 눈을 갖는 데 있다."

나는 가족과 해외여행을 하며 가족이지만 가족이라는 이름 하에 미처 다 알지 못했던 그들의 새로운 모습을 발견하고 싶다. 물론, 나의 새로운 모습 역시 기대한다.

그 신선한 모습들을 고스란히 기록한 책은 평생 우리 가족과 함께할 역사가 될 것이다. 행복한 해외여행을 꿈꾸고, 그 행복한 순간

의 찰나를 사진과 글로 남기고 싶다. 화보집과도 같은 여행 에세이
출간을 꿈꾼다!

세상 사람들의
따뜻한 마음을 위해 꾸는 꿈
_허지영

허지영

개인사업가, 동기부여가, 자기계발 작가

동아대학교 신문방송학을 전공한 뒤, 아시아나항공에서 스튜어디스로 10년간 근무했다. 현재
개인사업을 하고 있다. 힘든 순간 늘 책을 통해 극복하면서 책에서 얻었던 깨달음으로 상처받고
살아가는 사람들에게 위안을 주는 힐링메신저를 꿈꾼다. 철저한 자기관리로 여자로서 평생 건강하고
아름다운 삶을 지향하며 베스트셀러 작가와 강연가를 목표로 하고 있다.

- E-mail_ messenger_707@naver.com
- Blog_ http://blog.naver.com/messenger_707

1

외롭고 상처가 많은 사람들에게 힐링멘토 되기

"만일 당신이 상처받지 않을 만큼만 사랑한다면 당신이 받은 상처는 결코 치유되지 않을 것이다. 오직 더 크게 사랑할 때만이 상처는 치유된다."

마더 테레사가 한 말이다. 사람은 누구나 상처받기를 두려워한다. 그리고 모든 사람은 외롭다. 나 역시 외로움도 많고 쉽게 상처받는 사람이었다. 누군가 나로 인해 속상해하면 납득이 잘 가지 않아도 먼저 미안하다고 사과를 했다. 그러면 상대방도 마음 편하고 나도 그럴 거라고 생각했기 때문이다. 그런 잘못된 생각이 지금까지 날 힘들게 해왔던 것이다. 내가 힘들 때 견딜 수 없게 만든 것은 나만 외롭고 그러나 나만 상처받았다는 생각이었다. 그러나 나만 힘들지 않다는 것을 가르쳐 준건 책이었다. 책으로부터 위로 받고 다시 성장하기 시작했다.

현대를 살아가는 많은 사람들에게 가장 필요한 건 바로 '위로'라고 생각한다. 다들 바쁘고 지쳐서 마음의 여유를 찾아볼 수가 없다. 힘들어도 위로해 줄 사람이 없으니 힘들다는 말도 꺼내기 어렵다. 나 자신을 돌아볼 여유는 더더욱 없다. 삶은 더 풍요로워졌지만 마음은 훨씬 더 가난해진 것이다.

중학교 시절 《좋은 생각》이라는 책을 좋아했었는데 그 책에서 마음에 와 닿았던 문구가 있었다.

"눈물로 씻겨지지 않는 슬픔은 없다."

그 말처럼 아무리 속상한 일이 있어도 펑펑 울고 나면 속이 시원해지는 걸 느꼈다. 스스로 아픔을 극복하는 하나의 방법이었다. 나에게 사춘기 시절은 이유 없이 화가 나고 짜증이 나던 중학교 2학년 시절이었던 것 같다. 서점에서 우연히 책 한 권이 눈에 들어왔는데 그 책은 바로 마르쿠스 아우렐리우스의 《명상록》이었다. 책을 읽어나가면서 마음이 편안해지기 시작했고, 그렇게 책을 통해 마음을 다듬어갔다. 그 밖에도 감명 깊게 읽었던 책은 《탈무드》, 《독일인의 사랑》, 사법고시 연수생들의 수기를 담은 《다시 태어나도 이 길을》이라는 책이었다. 특히 《다시 태어나도 이 길은》이라는 책은 당시 수학 선생님께서 반드시 읽어보라고 추천해주셨던 책이라 너무 크고 두꺼웠음에도 끝까지 읽었던 책이다. 힘든 여건에서 꿈을 향해 노력하는 사람들의 경험담을 읽으며 엄살 부리지 말자고 스스로 다짐했었다. 책은 그때부터 내게 위안이 되어준 좋은 친구였다.

1년 전 나는 마음의 상처로 인해 6개월 정도 힘든 시간을 보낸 적이 있다. 이제 마음이 많이 여유로워졌다고 믿고 있었는데 문득문득 찾아오는 힘겨움이 있었다. '사람에 대해 너무 많은 기대를 가진 걸까, 내 마음을 상대에게 너무 의존하며 살아왔나?' 이런 저런 생각들로 혼란스러울 때가 있었다.

배르벨 바르데츠키가 쓴 책 《너는 나에게 상처를 줄 수 없다》에서 이런 말이 나온다.

"나를 괴롭히는 가장 힘든 적은 바로 나 자신이라는 사실을 깨달아야 한다. 어떤 종류의 열등감도 내가 허락하지 않으면 결코 나의 삶을 침범할 수 없다."

"더 이상 다른 사람에게 기쁨과 슬픔을 의존하지 말자. 나의 능력을 판단하는 데는 다른 누구보다 나 자신이 가장 믿음직한 심판이다."

이 책에서는 누군가에 의해 상처를 받을지 말지를 나 스스로 결정해야 한다고 말하고 있다. 습관적으로 남에게 상처를 주는 사람이 주변에 있다면, 그래서 그 사람으로 인해 내 삶이 고달파진다면 거리를 두는 것이 옳다.

예전엔 나랑 맞지 않고 나를 힘들게 하는 사람이라도 극복하고 맞춰주면 좋아질 거라 믿었던 때가 있었다. 하지만 상황은 좋아지질 않았고 같은 상황이 반복되면서 내 마음이 갈기갈기 찢어지는 것을 경험했다. 항상 환경을 탓하고 불평불만이 가득한 사람은 주위 사람들까지 힘들게 만든다. 살아가면서 많은 인연이 필요하진 않다. 나를 힘겹게 하는 사람까지 내 몫으로 끌고 가기엔 인생이 너무 짧다. 나에게 주어진 시간이 소중하다는 것을 안다면 타인으로 인해 내 인생을 결정짓지 말아야 한다.

나는 살아오면서 내 마음을 들여다보는 연습을 많이 해왔다. 쉽게 상처받고 외로움도 많이 느끼며 살았지만 날 사랑하는 마음은 한순간도 잊은 적이 없다. 절망에 빠진 적도 있었지만 금방 마음을 다잡곤 했다. 나를 믿어주는 부모님이 있었기 때문이다.

친구들이 힘들 때 상담을 해오면 들어주고 같이 눈물 흘려주고 진심으로 마음을 나누기도 했다. 그러면서 관계가 좀 더 친밀해지고 내 마음도 풍요로워지는 것을 느꼈다. 외롭지 않다면 사람이 아니다. 힘들지 않다면 거짓말일 것이다. 나만 소외되었다는 생각은 버리자. 절벽의 끝에서 무너지는 사람과 뒤돌아설 용기가 있는 사람만 있을 뿐이다. 똑같은 상황을 마주해도 받아들이는 모습은 다르다. 어떤 상황에서도 나를 포기해서는 안 된다. 날 사랑하는 단 한 사람만 있어도 난 소중한 사람이다.

요즘은 사람들 마음속에 화가 너무 많아 보인다. 조금만 잘못 건드리면 잘 걸렸다는 듯 폭발하는 사람들이 많아지고 있다. 자기 마음속에 화를 다스릴 필요가 있다. 한때 나도 화가 치밀어 올라 견딜수 없이 힘든 순간이 있었다. 살면서 힘든 순간이 없다면 행복한 순간도 없다고 할 수 있다. 행복하다는 기준을 어디서 가져올 수 있겠냐는 것이다. 고통이 있어야 행복이 찾아왔을 때, 이게 행복임을 느낄 수 있다. 처음부터 모든 것을 다 가진 사람은 행복이 무엇인지 모른다. 처음부터 행복의 기준 따위는 없었기 때문이다. 인생은 원래 고통의 연속이라고 하지 않았던가. 연속되는 고통 속에 잠깐씩 찾아오는 행복을 느끼며 사는 것이 인생이다.

특히 여자는 결혼과 출산으로 인해 인생의 전환기를 맞는다. 나또한 그랬고 출산 후엔 10년 동안 열정을 쏟았던 내 직장과 작별을 했다. 한동안 마음이 너무 힘들고 상실감을 느꼈지만 날 필요로 하는 사람에게 항상 마음이 약했던 나는 내 위치에서 또 그렇게 최선을 다했다. 하지만 마음 한 구석엔 늘 예전의 내 모습을 갈망했고 누군가에게 기대는 마음이 커질까 두려움이 생기기도 했다.

완벽해지려고 할수록, 상처받지 않으려고 할수록 외로움은 더커져만 간다. 우울함은 시시때때로 밀려올 수 있는 감정이다. 자연스럽게 받아들이고 내 마음을 안아주면 된다. 나 자신을 사랑하지 않는 여자는 그 누구로부터도 사랑받을 수가 없다.

그렇다면 남자는 어떠한가? 여자는 감정표현을 하는 편이지만 남자는 그렇지 않은 사람들이 많아 나이가 들수록 더 외로움을 많이 느끼는 것 같다. 돌아가시기 전 아빠의 마지막 뒷모습을 떠올리면 쓸쓸함을 느낄 수 있었다. 살아계실 땐 아빠의 마음을 잘 몰랐다. 어쩌면 관심이 없었는지도 모른다. 장례식장에서 아빠의 친구 분들의 입을 통해 아빠가 날 얼마나 사랑하셨는지 알게 되었다. 그동안의 후회가 밀려왔다. 난 무심한 딸이었다. 아빠는 그런 존재였다. 말 없이 가족들을 위해주고 말없이 웃어주는 그런 큰 산 같은 존재 말이다. 아빠의 힘든 마음을 알아주는 딸이었으면 좋았을 텐데 후회는 이미 늦었다. 그러니 지금 내 주위에 힘들어하는 사람은 없는지 늘 관심을 가지는 것이 필요하다.

내가 힘들고 고통스러웠던 순간에 책에서 위로를 받았듯이 책을 써서 위로가 필요한 사람들에게 힘이 되어 주고 싶다. 그래서 반드시 베스트셀러 작가가 될 것이다. 환경을 탓하고 잃어버렸던 내 모습에만 집중했던 나에게 책을 쓴다는 것은 새로운 희망이다.

꿈꾸는 인생에는 나이가 없다. 내가 원하는 인생은 사랑하며 일하는 것이란 걸 깨달았다. 평생 글을 쓰고 싶다. 오늘도 힘들어하는 누군가를 위해 내가 쓴 한 권의 책이 위로가 되어줄 수 있다면 행복할 것 같다. 세상에 이룰 수 없는 꿈은 없다. 생각만하는 꿈과 타오르는 소망으로 행동까지 실천해가는 꿈이 있을 뿐이다.

새벽 4시 반, 이렇게 글을 쓰고 있는 내 모습이 무척이나 마음에 든다. 오늘 아침 꿈을 향해 첫발을 내딛어본다. 세상 모든 사람들의 마음이 따뜻해질 때까지 내 꿈은 멈추지 않을 것이다. 나의 첫 번째 버킷리스트인 힐링멘토의 꿈은 시작되었다.

2

평생 건강하고
아름다운 몸매 유지하기

"네가 이루고 싶은 게 있다면 체력을 먼저 길러라. 정신력은 체력의 보호 없이는 구호 밖에 안 돼."

작년 이맘때쯤 정말 재밌게 본 드라마 〈미생〉의 명대사다. 힘든 직장생활을 해봐서 그런지 이 말이 너무 마음에 와 닿았었다.

대학을 졸업하고 10년 동안 항공사 승무원으로 근무했었다. 대학교 4학년 때 우연히 승무원 모집 공고를 보게 되었고 큰 기대 없이 지원서를 보냈었다. 생각지도 못하게 1차 서류심사와 면접에 합격을 했고 서울에서의 2차 시험도 거뜬히 통과했다. 함께 시험을 본 친구들은 대부분 오래 전부터 승무원 시험을 준비했었고 여러 번 떨어진 경험이 있었다.

　나는 신문방송학과를 다니고 있었는데 막연하게 방송국에 취직하고 싶다는 생각을 가지고 있었던 때였다. 어릴 때부터 늘 세계 여행을 하고 싶었기에 방송국에 들어가 돈을 많이 벌어서 여기저기 여행하고 싶다고 생각했었다. 그런 생각들이 나를 여기까지 오게 한 것이 아닐까 하는 생각이 문득 들었다. 승무원이라는 직업은 한 번도 생각해 본적이 없었지만 세계 여행을 하고 싶었던 내 소망을 이룰 수 있는 기회가 될 것 같았다.

　3차 면접과 시험을 준비하면서 승무원이라는 일이 너무 하고 싶어졌고, 간절한 꿈으로 다가왔다. 열심히 준비하고 기다리며 드디어 3차 면접일이 다가왔다. 그런데 예상치 않게 전날 저녁에 다리를 다쳤고, 엄마는 서울 가는 것을 반대하셨다. 하지만 확고한 내 의지를 꺾지는 못하셨다.

　아침이 되자 통증은 더 심해졌지만 괜찮은 척 서울로 향했다. 사실 구두를 신을 수가 없을 정도로 발이 아파서 내심 걱정이 이만저만이 아니었다. 모두 흰 블라우스에 검정 스커트, 검정 구두를 신고 있었지만 나 혼자 빨간 운동화를 신고 있었다. 모두 날 이상하게 쳐다보았지만 내 머릿속엔 온통 '면접 볼 때 구두를 신고 들어가서 잘 참아낼 수 있을까?' 하는 생각뿐이었다. 드디어 내 이름이 불렸고 난 퉁퉁 부은 발을 구두 속에 쑤셔 넣고 아무렇지 않은 척 들어갔다. 아무래도 부은 다리까지 숨길 수는 없어 불안했는데 마지막에 부

사장님께서 내게 물어보셨다.

"자네는 다리가 왜 그런가?"
"네, 다리를 살짝 다쳤는데 며칠 뒤엔 괜찮을 겁니다."

그러자 고개를 끄덕이셨고 별 다른 말이 없어 떨어진 줄 알았었다. 다리가 회복되기까지는 꽤 오랜 시간이 걸렸고 최선을 다했기에 맘 편하게 결과를 기다렸었다. 정말 운이 좋게도 단번에 합격을 했지만 남들보다 약한 체력 때문에 지독한 정신력으로 버텨내야만 했었다.

하루에 서너 시간씩 잠을 자며 받아야했던 신입훈련과 밤을 새며 일을 하는 업무 환경이 힘들었었다. 위가 좋지 않아 음식을 가려서 먹어야 했기 때문에 해외에 나가면 남들처럼 편안하지가 않았다. 늘 자유가 없어 빨리 독립해서 살고 싶었었는데 막상 독립하여 나 자신을 스스로 책임지는 일은 생각처럼 쉽지 않았다. 하지만 약하다는 이유로 남들보다 처지는 것도 싫었기에 누구보다 열심히 일했고 늘 건강을 최우선으로, 먹는 것부터 컨디션 하나하나까지 신경 썼다. 출퇴근시간이 매번 불규칙적이어서 취침시간은 다음날 출근시간에 맞추어 정했었다. 철저한 자기 관리가 있었기에 첫 진급도 먼저 할 수 있었고, 회사에서 자부심을 갖고 일을 할 수 있었던 것 같다. 체력이 좋은 친구들처럼 한창 즐길 수 있는 나이에 재밌게 살지 못했던 것이 지금도 아쉽지만, 직장에 몸담고 있었던 10년 동안 누구보다 최선을 다했다고 자신 있게 말할 수 있다.

통통 부은 다리로 최종 면접을 보던 날, 나 자신에게 했던 약속이 있었다.

'이 다리를 하고 왔는데도 날 뽑아준다면 난 지금 이 순간을 잊지 않고 최선을 다해 일해야겠다.'

몸과 마음이 힘들 때마다 그때를 떠올렸었다. 출근 전에는 피곤해도 운동하려고 노력했고, 위에 좋지 않은 음식은 참고 먹지 않았었다. 그랬기에 견뎌낼 수 있었던 것 같다. 건강을 챙기지 않는 친구가 있으면 안타까워 꼭 조언을 해주기도 했지만 친구들은 오히려 나를 더 걱정하며 웃어넘기곤 했었다.

건강은 건강할 때 잘 챙겨야 한다. 태어날 때부터 약한 사람은 항시 건강을 신경 쓰면서 살지만 한 번도 아파 고생해 본적이 없는 사람은 건강의 소중함을 잘 모른다. 그때 내가 곁에서 건강에 대해 충고해줬던 친구 중 한명은 몸이 갑자기 좋지 않아 회사를 그만두었고, 해를 거듭할수록 건강상 이유로 그만두는 동료들이 늘어갔다. 승무원이라는 일은 철저한 자기 관리가 없으면 하기 힘든 일임을 깨달았다.

나름대로 성취감을 느끼며 잘 지내고 있을 때였다. 갑작스런 아빠의 죽음으로 내 생활에도 변화가 찾아왔다. 홀로 계신 엄마를 위해 부산으로 발령 신청을 해서 엄마 곁을 지켰다. 하루는 엄마에게 종합건강검진을 예약해드렸는데, 혼자서는 받지 않으시려고 해서 어쩔 수 없이 함께 받았었다. 엄마는 건강에 이상이 없었지만 난 복부 초음파 결과 염증이 있었다. 하지만 크게 신경 쓸 부분이 아니니 문제될 건 없다고 했다. 늘 소화기능에 문제가 있었던 터라 아무래도 큰 병원에 가봐야 할 것 같았다. 엄마와 함께 대학병원으로 갔고 내과 교수님은 초음파 사진을 보자마자 말씀하셨다.

"수술하셔야겠네요. 위 내시경을 하고 수술날짜 잡읍시다."

엄마는 깜짝 놀라셨다. 위 내시경을 하고 나자 이번엔 위에 양성 종양으로 보이는 뭔가가 있으니 조직검사를 해보자고 하셨다. 검사 결과를 기다리는 1주일 내내 엄마는 걱정으로 하루하루를 보내셨고, 난 애써 태연한 척 지냈다. 다행히 조직검사 결과는 이상이 없어 얼마 후 수술을 했고 한 달간 집에서 쉬었다. 몸은 힘들었지만 바쁘게 지냈던 지난날을 돌아보니 처음으로 휴식 같은 휴식을 하는 기분이었다. 아파도 챙겨주는 사람 없이 지내다가 엄마가 해주는 밥을 먹으니 천국이 따로 없었다. 수술을 하고 나서는 뭘 먹어도 소화가 잘 되었고, 서울 생활 내내 먹지 못했던 음식도 아무렇지 않게 먹을 수 있어 너무 행복했다.

엄마와의 달콤한 시간이 2년이 채 되지 않아 결혼을 했고 다시 엄마 곁을 떠나게 되었다. 늘 일이 바쁜 남편으로 인해 육아는 혼자 담당해야 했기에 회사를 그만두게 되었다. 몸과 마음이 많이 지칠 때 쯤 직장생활 내내 했던 요가를 다시 시작하면서 체력도 기르고 생활에 활력을 되찾기 시작했다.

지금은 운동을 하지 않으면 많이 허전할 정도로 생활의 일부가 되었다. 힘들었던 마음, 외로웠던 마음도 요가와 함께 치유되는 것 같다. 회사를 그만두면서 내 꿈도 끝났다고 생각했던 마음이 지금은 없다. 운동으로 끌어올린 체력만큼 지금은 뭐든 할 수 있을 것 같다. 이렇게 글을 쓰며 내 꿈을 향해 다시 시작하고 있지 않은가. 정신력도 체력만큼 중요하다. 하지만 그 어떤 정신력도 체력이 받쳐주지 않으면 실행으로 옮기는 데는 너무 힘들다.

나의 두 번째 버킷리스트는 평생 여자로서, 건강하고 아름다운 몸매를 유지하는 것이다. 그러기 위해서 꿈을 잃지 않는 마음, 꾸준한 운동, 매일 나와 가족을 위해 정성스럽고 건강한 음식을 만드는 노력을 게을리하지 않을 것이다.

최고의 빛을 내기 위해선 혼자 빛나는 법을 알아야 한다고 했다. 스스로 만족하는 삶이 아니라면 그 누구에게도 좋은 에너지를 줄 수 없다. 무엇보다 여자로서의 내 가치를 소홀히 하지 않을 때, 아내로서도 엄마로서도 역할을 제대로 할 수 있다고 생각한다. 나이가 들수록 주름이 늘어나는 건 어쩔 수 없지만, 대신에 철저한 자기 관리로 건강하고 아름다운 몸매를 유지하며 살 것이다. 언제 어디서든 향기 나는 여자로서의 삶을 살고 싶다. 죽는 순간에 나 자신에게 소홀히 한 것에 대해 후회하지 않도록 말이다.

오늘도 나는 꿈꾸는 여자임에 감사하며 아침 요가로 상쾌한 하루를 시작한다. 10년, 20년, 30년 뒤에도 나이에 맞는 아름다움으로 건강할 내 모습이 기대가 된다.

3

엄마에게 꿈 같은 집 지어드리기

이 세상에서 가장 아름다운 영어 단어는 'Mother'이다.

예전에 황수관 박사님의 강의에서 다음과 같은 이야기를 들었다.

"나는 어린 시절 홍역을 심하게 앓아 죽음의 문턱에 와있었다. 살 가망이 없다고 생각한 아버지는 지게와 삽을 마루에 가져와 장례 치를 준비를 하셨다. 어머니는 나를 품에 안고 기도하셨다. 혀로 내 얼굴을 핥아 고름을 빼내기 시작하셨고, 얼굴에 갑자기 생기가 돌아 기적같이 살아났다."

어머니의 뜨거운 사랑이 아들을 살린 것이다. 살면서 수많은 이

별을 겪지만 가장 많은 눈물은 어머니를 보낼 때라고 했다. 부모님이 살아계실 때 따뜻한 사랑을 원 없이 나누어야 한다고 했던 말이 아직도 기억이 난다.

엄마, 이름만 불러도 눈물이 날 것 같은 이름이다. 태어나서 처음 부르는 이름, 힘들 때마다 생각나는 이름이다. 여자는 약하나 엄마는 강하다고 했다. 나도 엄마가 되어보니 엄마의 마음을 알 것 같다.

내 인생의 '멘토'는 엄마다. 자라면서 여느 딸처럼 짜증도 많이 내고 다투기도 했지만 엄마가 늘 존경스러웠다. 엄하고 보수적으로 키우셨지만 그랬기 때문에 지금의 내가 있다는 것을 안다. 엄마는 한 번도 공부하라는 말씀을 하신 적이 없었고, 뭐든 본인 의지로 할 수 있을 때 자기 것이 된다는 것을 가르쳐 주셨다. 가끔 내가 불만에 투정을 부릴 때마다 말씀하셨다.

"힘들 때는 항상 너보다 못한 사람을 보며 살아라."

난 그 말이 참 듣기가 싫었다. 하지만 이제는 그 뜻을 알겠다. 항상 겸손하고 스스로 만족할 줄 하는 삶을 말씀하셨던 것이다.

엄마는 7남매 중 넷째인 아빠와 결혼을 해서 고된 시집살이를 견디며 사셨다. 우리 3남매를 키우며 할머니, 할아버지를 극진히 모셨고, 두 분 다 돌아가실 때까지 오랜 시간 병수발을 하며 힘든 세월을 보내셨다. 명절 땐 편하게 친정도 못 가셨고, 여느 엄마들처럼 자유롭게 모임 한 번 가지 못하셨다. 그런 엄마가 애처로워 보여 나중에 엄마한테 정말 잘해야지 다짐했었다.

엄마는 재능이 많으셨다. 책을 참 좋아하셨고 그림도 잘 그리셨던 기억이 난다. 어릴 땐 한자를 직접 가르쳐주셨고 노인정에서 무료 강의도 하셨다. 학창 시절엔 미대에 가고 싶었지만 일본에서 살아오셨던 외할머니, 외할아버지가 너무 보수적이어서 대학에 보내지 않으셨다고 했다. 대학을 가지 못한 게 한이 된다고 말씀하셨던 기억이 난다.

결혼 전 엄마의 사진을 보니 그렇게 고울 수가 없다. 결혼하고 힘들게 살면서 얼굴도 많이 상하고 우리 3남매 대학 공부까지 뒷바라지 하시느라 마음고생이 많으셨다. 홀로 계신 엄마를 떠올리면 마음이 아려온다. 자식 사랑하는 만큼 엄마도 챙기려고 노력하고 있지만 늘 부족한 딸이다. 효도의 기본은 부모님이 주신 몸을 상하지 않게 하는 거라 생각하며 산다. 부모가 가장 마음 아플 때는 자식이 아플 때라는 것을 내가 엄마가 되어보니 알겠다.

서울에 취직해서 짐을 싸고 떠나는 날 엄마는 나를 부둥켜안고 펑펑 우셨다. 직장생활 내내 힘든 순간을 견딜 수 있었던 건 그날 엄마의 눈물 때문이었다. 실망시키지 않고 자랑스러운 딸이 되기 위해 참 열심히 살았었다.

결혼식 날 퉁퉁 부운 얼굴로 혼자 앉아계셨던 엄마의 모습이 기억이 난다. 엄마의 얼굴을 보고 하염없이 눈물이 났었다. 예고 없이 떠나신 아빠가 원망스러웠다. 홀로 남겨진 엄마를 두고 가는 마음은 너무 무거웠다. 엄마가 되니 우리를 키우면서 얼마나 많은 눈물을 쏟았을지 상상이 되었다. 나는 어릴 때부터 유난히 몸이 약해서 엄마가 없고서 병원에 뛰어다녔던 기억이 생생하다. 그때 엄마의 등, 따뜻한 체온이 지금도 느껴진다.

작년에 엄마를 모시고 해운대 바다가 보이는 호텔에서 휴가를 보낸 적이 있다. 엄마가 너무 좋아하셔서 한편으로 죄송했다. 직장 다닐 때는 일 하느라, 결혼 후에는 자식 키우느라 엄마한테 제대로 못하고 산 것 같다. 바다가 보이는 탁 트인 곳에 꿈 같은 집을 지어드리고 싶다고 생각했다.

지금도 엄마는 뭔가를 챙겨드리려고 하면 늘 부담스러워 하신다. 아픈 데가 있어도 말씀하시지 않고 혼자 해결하려고 하시는 것도 마음 아프다.

매일 저녁 엄마와 통화를 한다. 하루 종일 혼자 보내는 시간이 많으셔서 그런지 전화를 하면 하루 일과를 자세히 말씀하시곤 한다. 속상한 일이 있으면 털어놓으시기도 하고 그럴 때면 나는 엄마의 고민 상담사가 되어드린다.

"너랑 얘기하고 나니 이제 맘이 편하다."

이런 말을 하실 때 마다 마음이 뿌듯하다. 그렇게 강하셨던 엄마
인데 지금은 마음이 많이 여려져 고민도 많아지신 것 같다. 엄마가
오래오래 사셨으면 좋겠다. 엄마가 없는 세상을 잘 살아갈 자신이
없다. 난 힘든 순간을 엄마를 떠올리며 견뎌왔기 때문이다. 엄마는
책을 좋아하셨던 것만큼 글 쓰는 것도 좋아하셨다. 글쓰기를 좋아하
는 것도 엄마를 닮았나보다.

결혼 전 부산에서 일할 때 엄마는 컴퓨터로 메일 쓰는 것을 가르
쳐달라고 하셨다. 너무 느려서 한 문장을 쓰는데도 엄청난 시간이
걸렸지만 내게 메일을 보내기 위해 힘들게 배우셨던 것이다. 엄마
때문에 부산에 내려와 적응하느라 맘 고생하는 딸이 안쓰러워 위로
를 해주고 싶으신 엄마 마음을 그때는 모르고 가르쳐드리면서 짜증
을 많이 냈었다. 그때 받았던 장문의 메일 내용 중 한 구절이 아직도
기억이 난다.

"못생긴 콩도 좋은 밭에 뿌리면 된다."

내가 힘들어하는 모든 상황이 결국 내 마음의 문제였음을 엄마는
말해주고 싶으셨을 것이다. 엄마의 편지를 읽으며 눈물이 났다. 엄
마가 힘들까봐 내려온 건데, 이렇게 힘들다고 투정부리고 있는 내
자신이 한심하게 느껴졌다. 엄마의 편지를 읽고 마음을 다르게 먹으

니 그전에 가졌던 불만들이 사라지고 미웠던 사람도 좋아 보이기 시작했다. 사람을 미워한다는 건 결국 나 자신을 상처 내는 길이라는 것을 엄마가 가르쳐주셨다.

나의 세 번째 버킷리스트는 엄마에게 꿈 같은 집을 지어드리는 것이다. 평생 고달팠던 마음 씻어낼 수 있을 만큼 멋진 집을 지어드리고 싶다. 바다가 보이는 최고의 전망을 가진 곳에서 엄마가 꿈을 이루셨으면 좋겠다.

그곳에서 엄마가 좋아하는 그림도 그리고, 글을 쓸 수 있도록 만들어 드릴 것이다. 난 한 아이의 엄마이기 이전에 엄마의 딸임을, 엄마 곁에는 항상 내가 있다고 말해드리고 싶다.

엄마에게 꼭 하고 싶은 말이 있다.

"엄마, 사랑합니다. 한 번도 엄마에게 사랑한다는 말을 한 적이 없지만 하루도 엄마 생각을 하지 않았던 날이 없었고, 지금은 엄마 걱정을 하지 않는 날이 없답니다. 부디 건강하게 오래오래 사셔서 제가 꿈을 이루는 모습 지켜봐주세요. 그리고 절대로 엄마의 꿈도 포기하지 마세요!"

4

아들에게 존경받는 엄마로 살아가기

태어나 처음으로 느꼈던 감정, 내 목숨과 맞바꾸어도 아깝지 않을 사람, 바로 아들이다. 아들은 생후 한 달이 채 되지 않은 시기에 신생아 중환자실에 있었다. 지금도 그때를 떠올리면 눈물이 난다. 크나큰 고통을 겪으면서 난 엄마가 되었다.

16시간 동안의 긴 진통 끝에 출산을 했었다. 출산 때, 배 전체에 생긴 피멍은 한 달이 지나도 없어지지 않았고, 출산 후 후유증으로 얼마 동안은 제대로 걷지도 못했다. 산후조리원에서 1주일이 되던 날, 아들은 장염에 걸려, 나도 함께 병원에서 몸조리를 해야만 했다. 퇴원 후 며칠 뒤에 장염이 재발하여 급히 응급실로 갔으나, 상태가 급격히 나빠져 신생아 중환자실 인큐베이터 속으로 들어갔다. 하늘이 무너지는 심정을 그때 느꼈다. 당시 중환자실 담당 의사가 싸늘한 표정으로 내게 했던 말이 생각난다.

"지금 아기 상태가 너무 안 좋습니다. 조금만 더 늦었으면 큰일 날 뻔 했어요. 최악의 상황을 말씀드리면 패혈증까지 갈수도 있을 것 같습니다."

3킬로밖에 안 된, 힘없이 누워있는 아들을 보면서 아무것도 해줄 수 없는 엄마라서 가슴이 미어졌다. 중환자실이라 함께 있어줄 수도 없었다. 아이를 혼자 두고 집으로 돌아가야만 하는 엄마의 심정을 그 누가 알까? 아들에게 마음속으로 외쳤다.

'아들아, 지금 힘든 고통을 이겨내고 살아만 있어다오. 이 엄마는 이 순간을 결코 잊지 않을게. 너를 위해 최선을 다하는 엄마로 살아 갈 거야.'

하루 10분씩 면회를 하고, 세 시간마다 중환자실 간호사와 통화를 하며, 꼬박 1주일을 보냈었다. 아이가 오면 주려고 밤에는 두 시간마다 모유를 모아서 냉동실에 보관을 했다. 다행히 아들은 엄마의 간절한 마음을 알았는지, 병원에서 잘 먹고 치료를 잘 받아 의사들도 놀랄 만큼 회복이 빨랐다.

아들이 퇴원한 후, 한 동안은 1시간마다 잠에서 깨어 아들이 숨을 제대로 쉬는지 확인하는 습관이 생겼다. 그때 엄마와 떨어져 힘든 순간을 보내서 그런지, 15개월 동안 모유를 먹으며 한 순간도 나와 떨어지지 않았다. 잠을 거의 이루지 못하는 나날을 보냈지만, 아들이 건강하다는 것만으로도 더 바랄 게 없었다.

지금도 마찬가지다. 아들은 벌써 7살이 되었지만 건강만큼 중요한 건 없다고 생각하며 키운다. 사랑한다는 말을 자주 해주며 하루에도 몇 번씩 꼭 안아준다. 엄마의 사랑이 가슴깊이 전해지도록 말이다.

남들보다 유난히 음식 만드는 것을 좋아해서 몸이 아파 하루 종일 집에 있는 날에도 항상 음식을 만든다. 음식을 만들다 보면 시간이 가는 줄을 모르겠고, 기쁘게 먹을 사람들을 떠올리면 행복해진다. 어린이집에서 돌아오는 아들은 집에 오자마자 항상 묻는다.

"엄마, 오늘 저녁은 뭐예요?"

나는 기대에 차있는 얼굴로 들어오는 아들을 절대 실망시키지 않는다. 엄마가 해주는 맛있는 음식을 매일매일 먹으며 자라서 그런지, 항상 웃음이 끊이질 않아 나도 늘 웃게 된다. 아들이 지어준 별명이 있다. 엄마는 '요리쟁이'란다. 엄마가 해주는 음식이 최고 맛있고, 음식을 정성껏 만들어줘서 엄마 말을 잘 들어야겠다고 한다. 아이가 어릴 때, 엄마가 해줄 수 있는 최고의 선물은 건강하게 자랄 수 있도록 신경 쓰는 일이라고 생각한다.

법륜스님이 하셨던 말씀을 떠올려본다.

"아이가 어릴 때에는 헌신적인 사랑이 필요하고, 사춘기의 아이들은 지켜봐 주는 사랑이 필요하며 성년이 되었을 땐 냉정한 사랑이 필요합니다."

공감이 가는 말이다. 자식을 낳지 않는 것은 죄가 아니지만, 자식을 낳았다면 최선을 다해서 키워야 한다고 하셨다. 원하지도 않는 것을 무조건 잘 해주는 것이 부모의 도리는 아니다. 뭐든 스스로 하고자 하는 의지가 있을 때 도움을 줄 것이다. 내 경험으로 미루어 보아도 부모님이 강요하지 않을 때, 자신이 원하는 것이 무엇인지 진지하게 생각하고 실천할 수 있었다.

중학교 2학년 시절 여름방학이 생각난다. 뜨겁고 열정적으로 보냈던 그때를 지금도 잊을 수가 없다. 집에서 버스로 다섯 정거장쯤에 시립도서관이 하나 있었는데, 난 매일같이 도시락을 싸들고 그 길을 걸어 다녔다. 도서관에는 선풍기 몇 대가 있었고, 도서관 마당에는 정자가 하나 있었다. 날씨가 너무 더워 집중력이 떨어지고 힘들어질 때면 정자에 앉아 공부를 하기도 했다. 그렇게 방학을 보내고 치른 중간고사에서 단 하나의 문제를 틀렸고, 더웠던 여름방학을 내 의지 하나로 이루어낸 성과에 그렇게 행복하고 뿌듯할 수가 없었다. 성적표를 보고 너무 기뻐하셨던 부모님의 얼굴이 아직도 생생하게 기억이 난다. 그 어떤 것도 강요하지 않으셨기에 난 늘 스스로 노력하려 애썼다. 자식은 부모가 믿어주는 만큼 성장한다. 나 또한 그랬던 것처럼, 지나치게 간섭하지 않고 자식을 믿어주며 지켜봐 줄 것이다.

아들이 어릴 때, 제대로 된 육아 책을 읽어 본 적이 없다. 갓난아기 때 고생한 기억 때문에 늘 건강이 우선이라 생각했고, 딱히 다른 욕심은 없었다. 아이가 행복하려면 먼저 엄마가 행복해야 한다는 것을 잘 알기에 내가 먼저 즐겁게 지내려고 노력했다. 엄마가 늘 운동을 하니 아들도 운동의 중요성을 잘 아는지, 5살 때부터 지금까지 태권도를 열심히 배우고 있다.

항상 아들에게 하는 말이 있다. 공부는 못해도 좋으나, 운동은 꾸준히 해야 한다고 얘기한다. 체력이 안 되면, 네가 원하는 것을 할 수 없을지도 모른다고 말해준다. 나를 닮아 약하게 태어났을지는 몰라도 나처럼 고생하는 것을 원하지 않기 때문이다. 적어도 체력 때문에 열정에 방해받지 않는 삶을 살길 바란다.

요즘은 엄마가 매일 책을 읽으니, 아들도 자연스럽게 책을 꺼내서 읽는다. 예전엔 책을 읽어준다고 해도 도망 다니던 아들인데, 지금은 나를 보면서 아들도 책을 좋아하게 되었다. 이보다 더 좋은 교육이 어디 있을까? 작가가 되겠다는 꿈을 꾸면서 이미 멋진 엄마가 되어가고 있다.

나의 네 번째 버킷리스트는 아들에게 존경받는 엄마로 살아가는 것이다. 위대한 성공자 뒤에는 반드시 그를 사랑으로 굳게 지탱해 준 사람이 있다고 했다. 엄마가 나에게 인생의 멘토가 되어주셨듯이 나도 아들에게 그런 존재가 되고 싶다. 지금은 건강하고 행복하게 잘 자랄 수 있도록 최선을 다할 것이다. 매일 눈을 맞추며 웃어주고, 사소한 이야기도 잘 들어주면서, 아이를 이해하고 교감하는 것이 가장 중요하다고 생각한다.

사춘기가 되어 혼자 있고 싶어할 땐, 마음이 담긴 편지를 써 줄 생각이다. 엄마는 항상 널 믿고 있으며 응원한다는 것을, 진심이 담긴 글로써 보여주려 한다. 그리고 성인이 되어 사랑하는 사람을 만나게 되면, 멀찌감치 떨어져 지켜봐줄 것이다. 인생을 살아가면서 힘든 순간이 오더라도 자신이 사랑받는 존재라는 사실만큼은 잊지 않을 거라 믿는다. 아들이 엄마에게 자랑스러울 만한 어떤 사람이 되어주길 바라지 않는다. 대신에, 아들이 존경하는 엄마가 되고 싶다.

용기를 가지고 꿈을 향해 나아가는 엄마의 모습을 지켜보면서, 아들도 자신의 꿈을 키워나갈 수 있을 거라 믿는다. 우선 철저한 자기 관리로 건강은 물론, 어떤 어려움에도 좌절하지 않을 정신력으로 무장할 생각이다. 세상과 소통할 수 있는 저서를 집필하여 나만의 브랜드인 1인 기업가로서 인생 2막을 시작하려한다. 베스트셀러 작가가 되어, 힐링멘토로서 강연을 하고, 칼럼을 쓰며 세상에 지친 사람들에게 긍정적인 에너지를 전해줄 메신저가 될 것이다. 저서 한 권이 아닌, 꾸준한 책 쓰기를 통해 경험과 지식을 나누며 평생 성장하는 여자로 살아가고 싶다.

자식에게 가장 큰 선물은 '소망'을 심어주는 일이라고 생각한다. 소망을 안고 살아가는 엄마의 행복한 모습을 지켜보면서, 아들도 스스로 원하는 인생을 살아갈 수 있을 거라 믿는다. 현실은 힘들지라도 소망을 안고 살아가는 사람들은 반드시 '빛나는 미래'를 만나게 된다고 했다. 아들에게 최고의 '멘토'가 될 것이다. 아들이 커서 "세상에서 가장 존경하는 나의 어머니!"라고 자랑스럽게 말할 수 있도록 말이다.

5

소외된 장애 아이들을 위한 복지 시설 만들기

"당신이 차를 끓여줄 사람이 한 명도 없다면, 아무도 당신을 필요로 하지 않는다면, 그때가 당신의 삶이 끝난 순간이다."

죽는 순간까지 세상을 바꾸기 위해 노력했던 그녀, 오드리 헵번이 했던 말이다.

아무도 나를 필요로 하지 않는 순간이 온다면 절망적일 것 같다. 살아가는 동안은 소외된 사람들에게 마음을 나누어 주는, 가치 있는 인생을 살고 싶다.

살면서 늘 마음 한편에 떨쳐 버릴 수 없는 마음이 있다. 그것은 소외된 장애 아이들에 대한 안타까운 마음이다. 자라면서 주변에서 쉽게 장애 아이들을 볼 수 있었고, 어느 곳에서든 환영받지 못하고 소외당하는 모습은 늘 마음 아팠다. 그저 따뜻한 눈빛으로 바라봐 주는 것, 괴롭히는 친구들이 있으면 혼내 주는 것이 내가 할 수 있는 최선이었다.

초등학교 시절, 집에 가는 길에는 나를 괴롭히는 짓궂은 친구들이 있었다. 하루는 겁이 나서 도망을 치고 있었는데, 어떤 오빠가 집 대문 뒤에 나를 숨겨 주었다. 덕분에 위기를 모면할 수 있었다. 그때 그 오빠는 몸이 많이 불편한 지체장애인이었다. 보이는 모습은 나와 다르지만, 마음이 정말 따뜻한 사람이란 생각이 들었다. 집에 돌아가는 날 보며 환하게 웃어주던 모습을 지금까지 잊을 수가 없다.

내가 다니던 중학교는 천주교 재단의 학교여서 성당이 있었고, 수업을 가르치는 몇 분의 수녀님이 계셨다. 종교는 없었지만, 성당은 힘들 때 찾아가는 안식처와 같은 곳이었다. 늘 웃음을 잃지 않았던 천사 같은 수녀님들 얼굴이 지금도 생생하게 기억이 난다. '종교' 수업시간이 있었는데, 교과서에서 배울 수 없는 삶의 가치들을 수녀님들을 통해 배우며 깨달았다.

하루는 수녀님이 말씀하신 재활원에 간 적이 있다. 그곳은 장애를 가진 어린 아이들이 모여 사는 곳이자 누군가의 도움을 간절하게 기다리는 곳이었다. 햇살 아래 긴 빨랫줄에 끝없이 널려있는 하얀 기저귀들을 개어 차곡차곡 쌓아두고 아이들을 목욕시켰다. 처음해

보는 일이라 너무 조심스러웠지만, 내 눈을 보며 환하게 웃는 천진난만한 아이들을 보면서 안타까움과 함께 마음이 따뜻해지는 것을 느꼈다. 손을 뻗으면 나의 도움을 필요로 하는 사람들이 세상엔 너무 많다는 것을 알았고, 소외된 이웃을 외면하지 말자 다짐했다. 내 인생에서 가장 가치 있는 것들을 배웠던 수녀님들과의 3년의 시간을 절대 잊지 못할 것 같다.

7살 된 아들은 복지회관에 소속되어 있는 어린이집에 다닌다. 장애 아이들과 통합 보육을 시키고 있어, 한 반에 몇 명씩 장애 아이들이 함께 생활한다. 작은 것 하나부터 도움을 주어야 하기 때문에 통합 보육교사가 따로 있다.

친구들과 자연스럽게 어울리며 도움이 필요할 때는 누구 할 것 없이 서로 도와주려고 하는 아이들의 모습을 보면 마음이 뿌듯하다. 장애 아이들은 대부분 주말에도 어린이집에 맡겨진다. 장애를 가진 친구를 편견 없이 사랑하는 아이들의 모습을 보면서 통합보육이 왜 필요한지에 대해 생각하게 되었다. 아들은 4살 때부터 장애 아이들과 생활을 해왔기 때문에 함께 생활하는 것이 자연스럽고 익숙해져 있다. 특히, 장애를 가진 친구들과 동생들을 참 잘 챙긴다고 선생님이 면담 때마다 칭찬을 해주셨다. 똑똑하다는 말보다 마음이 따뜻하다는 말이 더 기분 좋다. 하루는 장애 아이를 맡긴 한 어머니가 내게 다가오셔서 말했다.

"연준이가 우리 아이를 참 예뻐해서 너무 고마워요."

마음이 놓이시는지 환하게 웃으며 말을 건네는 아이 엄마의 얼굴을 보면서, 내 마음도 따뜻해져오는 것을 느꼈다. 늘 도움이 필요한 친구와 동생들을 생각하는 아들이 대견스럽다. 소외되지 않도록 먼저 손 내밀어주고 관심을 가지고 지켜봐줘서 고맙고, 늘 든든하다.

하루는 아들과 함께 길을 가는데, 갑자기 눈을 감고 걷고 있어서 위험하다고 혼을 냈더니, 내게 말한다.

"엄마, 시각 장애를 가진 친구들은 정말 불편하겠다. 이렇게 눈을 감고 걸어보니 알 것 같아."

아들의 얘기를 듣고 눈물이 핑 돌았다. 몸이 불편한 친구들을 보면서 늘 안타까웠던 모양이다. 어쩌면 장애 아이들에게서 더 많은 것을 배우고 있는지도 모른다는 생각이 들었다.

하지만 현실은 아직 따뜻하지만은 않다. 장애 아이들을 곱지 않은 시선으로 바라보는 엄마들을 많이 봤다. 세상의 편견 속에서, 건강한 아이들과 똑같이 키운다는 것은 결코 쉽지 않다. 세상의 따가운 시선은 가족의 자존감마저 무너뜨리고, 맘 편히 돌봐줄 곳을 찾기도 힘들다. 경제적인 사정이 어려운 사람들에게는 더 가혹한 현실이다. 편견 없이 자라야 할 어린 시절에 더불어 사는 법을 배워야 한다. 그저 다른 아이들보다 몸이 조금 불편할 뿐인데, 마음까지 외면 당할까봐 걱정이 된다.

"소망을 잃어버리는 것은 팔다리를 잃어버리는 것보다 훨씬 치명적이다."라고 닉 부이치치가 말하지 않았던가. 팔다리가 없지만 장애를 극복하고 세상에 빛을 전달하는 그에게서 큰 감동을 받았다.

우리 모두는 장애를 가지고 살아간다. 보이는 장애든, 보이지 않는 장애든 한 가지씩은 가지고 있다고 생각한다. 어쩌면 보이는 장애보다 보이지 않는 마음의 장애가 더 치명적인 결점일지도 모른다. 그 어떤 사람도 혼자서는 잘 살아갈 수가 없다. 도움이 필요한 사람들에게 봉사한다는 생각보다는, 마음을 나눈다는 생각이 맞을 것이다.

서로가 가지지 못한 부분을 채워주며 살아가는 것이 인생이다. 나이가 들수록 나누려는 마음을 가질 수 있다면, 이보다 더 아름다운 인생은 없을 것이다. 누군가에게 베푸는 마음은 결국 내 마음을 풍요롭게 한다. 나의 도움이 필요한 사람에게는 기꺼이 도움을 주고, 내가 힘들 때도 도움을 받을 수 있는 용기가 필요하다. 우리는 누구나 약자가 될 수 있다. 우리 아이들도 언제든지 약자가 될 수 있나. 더 많이 가지기 위해 전쟁 같은 일상을 보내고 있지만 사회적 약자를 배려하려는 마음의 여유가 필요하다. 그저 따뜻한 말 한마디와 눈빛만으로도 충분하다. 나와 내 자녀를 위해서라도 따뜻한 사회적 분위기를 위한 노력을 기울여야 한다.

　나는 소외된 장애 아이들이 행복하게 꿈을 꾸며 자랄 수 있는 복지 시설을 만들고 싶다. 세상에는 장애를 가졌다는 이유로 태어나면서부터 버려지는 아이들이 많다. 세상에 태어난 모든 아이들은 소중하며 사랑받아 마땅하다.

　늘 마음속에 떠나지 않는 마음, 소외된 장애 아이들에 대한 마음이 내가 이루어야할 소명이라는 사명감이 든다. 그러기 위해서 반드시 베스트셀러 작가가 될 것이다. 꾸준한 책 쓰기를 통해 얻은 인세 소득, 강연 소득으로 나 혼자만 누리는 삶이 아니라, 소외된 이웃과 나누는 삶을 실천하고 싶다.

　어린 시절 시각·청각·언어 장애를 겪었어도 위대한 업적을 남긴 헬렌 켈러처럼, 장애를 부끄러워하지 않고, 극복하고 운명을 개척할 수 있도록 아이들에게 든든한 버팀목이 되어주고 싶다. 잠들기 전 매일 나의 꿈을 생생하게 그려본다.

　'꿈꾸던 천사들의 보금자리에서 아침에 눈을 떠서 따뜻한 밥을 먹고 앞뜰에 나와 친구들과 산책을 하거나 뛰어논다. 당연히 아이들을 돌봐주는 천사 같은 선생님들이 늘 함께한다. 도서관이 있어 아이들이 언제든지 읽고 싶은 책을 꺼내어 볼 수 있다. 나는 틈틈이 아이들을 위한 동화책을 쓴다. 내가 쓴 동화책을 큰소리로 읽어주면 아이들이 행복해한다. 보고 싶은 책을 원 없이 읽으며, 모든 아이들이 각자의 꿈을 키워나간다. 가끔은 아이들을 위해 요리 솜씨를 뽐내본다.'

내가 가진 소망은 꿈을 이루도록 나를 움직인다. 살아오면서 작은 성과 하나라도 내 노력 없이 쉽게 얻은 것은 없었다. 꿈은 꾸는 자의 것이다. 세상에 위대한 성공과 기적은 간절한 소망에서 비롯되었다. 나의 소망은 반드시 현실이 된다.

긍정적인 에너지로 꿈을 이루는
워킹맘

_주유희

주유희

책 쓰는 회사원, 행복육아 워킹맘, 긍정메신저, 자기계발 작가, 자기계발 전문 강연가

공기업에서 10년간 근무 중이자, '엄마가 행복해야 아이도 행복하다'고 외치는 워킹맘이다. 작은 일상에도 의미를 부여하고 항상 "좋은 일이 생깁니다."라고 말하는 긍정메신저로서 마음의 소리를 놓치지 않고, 생각하는 대로 살아가기를 실천하고 있다. 현재 긍정적으로 살아가는 실천론적인 냉닙글네 내한 자세한 이야기를 다룬 저서와 강연, 코칭 프로그램을 기획 중이다.

- E-mail_ surimaasuri@naver.com
- Blog_ http://blog.naver.com/surimaasuri

1

육아에 지친 엄마에서 에너지 넘치는 작가 되기

24시간을 주기로 생활하는 일반인들과 달리 갓 태어난 우리 딸은 2시간을 주기로 생활했다. 생활주기가 2시간도 채 되지 않는 날도 많았다. 그러다 보니 우유 먹이고 트림시키는 데 30분, 기저귀 갈아 주고 눈 맞추며 놀아주는 데 30분, 재우는 데 30분, 자는 아기 안아 주는 데 30분으로 내 생활주기도 바뀌었다.

울음소리는 어찌나 쩌렁쩌렁하던지……. 우리 부부는 아기가 배 속에 있을 때 태명을 '쩅쩅이'로 지었었는데 출산 후에 얼마나 후회했는지 모른다. 심지어 양가 부모님께서도 태명을 잘못 지어서 귀한 손주가 저렇게 운다며 우리를 탓하시기도 했다. 출산 후 한두 달 정도는 아기를 안고 소파에 앉아 있기만 해도 몸과 마음이 너무 힘들어 눈물이 주르륵 흘렀다. 신랑에게만 장난스럽게 말하기도 했지만 산후우울증이었던 것 같다.

임신했을 때와 아기를 낳았을 때 제일 많이 들은 이야기가 있다. "아기가 태어나기 전보다 배속에 있을 때가 편하고, 걸어다닐 때보다 누워있을 때가 편하다."는 말이다. 시간이 흐를수록 그 말을 실감했다. 잠투정이 너무 심해 낮잠을 재울 때마다 하루에 서너 번은 유모차에 태워 아파트 주변을 돌며 재웠다. 하루는 아파트 상가 세탁소에 들렀는데 세탁소 사장님께서 "매일 유모차만 밀고 다니는 것 같다."고 말씀하시기도 했고, 또 다른 이웃은 "오늘도 아침부터 아기 이슬을 맞히고 있네."라고 할 정도로 유모차를 많이 밀고 다녔다.

딸은 양손, 양발을 다 뻗고 얼굴이 빨개지다 못해 넘어갈 정도로 울었다. 여러 가지 방법을 다 써봐도 울음이 그치지 않을 때는 정말 앞이 깜깜하고 정신이 혼미했다. 온몸에 힘이 다 빠졌다.

'도대체 내 육아방법 가운데 어떤 부분이 잘못됐길래, 내가 무엇을 잘못하길래 딸이 저렇게 우는 걸까?'라는 생각에 육아서적을 작정하고 읽어보려고 주문했다. 그러나 육아서적을 읽을 시간도 여의치 않을 뿐 아니라 잠깐 여유가 생겨도 육아서적이 눈에 잘 안 들어왔다. 책을 읽다 보니 울어도 내버려두라는 책, 울 때 절대 내버려둬서는 안 된다는 책, 엄마가 옆에 있다는 사실을 알 수 있도록 한번만 안아주고 내려놓으라는 책 등 저자마다 견해가 모두 달랐다.

출산 전에 더 많이 읽고 공부했더라면 나만의 가치관을 확립하고 육아철학을 세웠겠지만, 당장의 상황을 해결하기에 다양한 견해는 혼란스럽기만 했다.

하루는 딸을 재우고 너무 힘들어 소파에 누워 있었다. 신랑이 퇴근을 하고 집으로 왔는데 마침 그날 저녁에 시어머님께서 우리 집에 들르시기로 한 날이었다. 그런데 도무지 일어나서 밀려있는 우유병을 씻고, 발디딜 틈 없이 널려 있는 장난감을 치울 힘이 없어 계속 누워 있었다. 그런 내 모습을 바라보는 남편의 얼굴이 '엄마가 온다는데 왜 저러고 누워 있지?'라는 표정이었다. 평소 다정다감한 남편이라 크게 다투지는 않았지만 조금은 언짢아하는 듯했다. 서로 한 몸도 아닌데 내가 얼마나 힘든지 느끼지 못하는 게 당연하다는 생각에 섭섭하다는 표현도 하지 않았다. 사실, 그런 투정을 부릴 힘도 없었다.

딸아이를 키우다 궁금한 점이 있을 때 들르는 인터넷 육아 카페가 있다. 내가 사는 지역 아기엄마들이 모여 있는 카페라서 유용한 정보들이 올라올 때가 많다. 어느 날 카페에 들어가 육아정보를 살펴보고 있었는데, 《언니의 독설》, 《아트스피치》로 유명한 김미경 강사 초청특강이 우리 지역에서 열린다는 소식이 올라와 있었다. 결혼하기 전부터 직장생활하는 동안 관심을 가지고 있던 터라 바로 참석 신청을 했다. 강연을 들으러 가는 날 저녁, 그날도 몸이 너무 피곤했다. 강의를 들으려고 앉아있는데 오른쪽 눈에 다래끼가 막 자리 잡고 생기느라 무겁고 까끌거리는 눈을 치켜뜨고 강의를 들었다.

눈을 치켜뜰 수밖에 없는 강의였다. 강의 도중 강사가 참석자 몇 명을 무대로 올라오게 해서 인상적인 인터뷰를 했다.

"아까부터 앞에서 계속 울면서 듣고 있던데 왜 그러는거?"라고 젊어 보이는 한 여자에게 물었다. 그 여자는 "저는 현재 억대 연봉을 받고 일을 하고 있습니다. 이 자리에 오기까지 힘들 때마다 선생님의 책을 읽고 선생님의 강의를 들으면서 버텼는데 그 시간들을 생각하니……."라고 말하더니 결국에는 말을 끝까지 잇지 못하고 계속 울었고, 인터뷰를 듣고 있던 내 눈시울도 뜨거워졌다. 강사가 인터뷰를 위해 올라온 다른 참가자에게는 "지금 무슨 일을 하고 계세요?"라고 물었다. 이 참가자는 "저는 수학학원 원장입니다. 100명의 학생으로 학원을 시작했는데 현재 학원 수강생이 3명으로 줄었습니다."라고 말했다. 참가자의 말이 끝나자 청중 모두가 크게 웃었다. 그렇게 웃을 일이 아닌데 말이다.

짧은 인터뷰였음에도 불구하고 눈시울이 뜨거워지면서 웃음이 나는 것은 아마도 모두가 저마다 마음의 짐을 지고 있기에 인터뷰 참가자의 말에 크게 공감한다는 의미일 것이다. 그 아프고 힘든 마음을 굳이 말로 다 설명하지 않아도 안다는 뜻이었다. 그래서 그렇게 크게 박수치며 웃었을 것이다. 나도 눈시울이 뜨겁도록 웃으면서 공감하고 위로를 많이 받았다.

신기하게도 그렇게 힘든 몸으로 저녁 늦게까지 강의를 들었는데 강의장을 나오는 순간 몸이 힘든 것도 잊고 육아로 지쳐있던 마음도 가벼워졌다. 그리고 집으로 돌아오는 길 내내 '나는 어떤 사람이지? 내 꿈은 뭐지?'라고 묻기를 반복했다.

일상생활을 하면서도 딸아이를 돌보는 중에도 생각할 수 있는 틈만 나면 내 스스로에게 질문하면서 나를 돌아보고 내 꿈을 찾기 위해 나에게 집중했지만 '내 꿈이 뭐지…?'라는 질문에 내 스스로가 명확하게 대답을 하지 못했다. 그때 다른 사람들의 꿈 이야기가 궁금해졌다. 그래서 꿈을 이루거나 관련 사례들을 다룬 책들을 찾아 읽기 시작했고, 《버킷리스트6》라는 책에서 〈한책협〉이란 곳을 알게되었다. 어떤 곳인지 궁금해 인터넷 검색을 통해 카페에 가입했고, 그곳에서 진행하고 있는 다양한 프로그램 중 '1일 책 쓰기 특강' 프로그램을 신청하게 되었다.

사실 책을 써보고 싶다는 마음도 있었지만 책 쓰기 특강을 신청하게 된 결정적 계기는 책을 쓰고 싶어서가 아니었다. 특강은 서울에서 열렸는데 내가 사는 곳에서 기차와 지하철을 타고 4시간 정도 걸리는 거리였다. 따라서 특강을 수강하기 위해서는 새벽부터 저녁 늦게까지 하루라는 시간이 필요한데, 나는 그렇게라도 하루라는 시간 동안 육아에서 벗어나 나를 위해서 쉬고 싶었던 마음이 컸다.

하지만 책 쓰기 특강을 통해 진짜 책이 쓰고 싶어졌다. 책 쓰기

특강을 들으러 건물에 들어서는 순간 내가 읽었던 책《버킷리스트 6》의 저자 김미경 작가와 우연하게 만났고, 같은 엘리베이터를 탔다. 작가님이 먼저 인사를 건네시고 말을 걸어주셨는데 밝고 긍정적인 기운이 넘치셨다. 나란히 앉아서 특강도 들었는데 쉬는 시간마다 처음 보는 나를 응원해주셨다. 그 외에 다른 작가님들도 많았는데, 모두가 하나같이 밝고 긍정적인 에너지를 내뿜고 있었다. 각자의 분야에서 꿈을 가지고 목표를 실행하면서 책을 쓰고 있는 사람들의 모습은 모두 활기찼다. 그 순간 '나도 밝고 긍정적인 에너지를 품고 있던 사람이었는데 육아에 지쳐 잊고 있었구나'라는 생각이 들었다.

나도 내가 하고 싶은 이야기를 책으로 쓰고, 내 안에 있는 밝고 긍정적인 에너지를 내뿜으면서 세상에 선한 영향력을 미치는 작가로 살아야겠다는 꿈을 가지게 되었다. 힘들 때 위로와 용기를 주고, 꿈을 찾을 수 있게 연결고리를 만들어 주는 책을 쓰고 싶다.

2

직원의 행복을 위한
사내 동기부여가 되기

딸아이를 출산하면서 회사에 신청한 15개월간의 출산 및 육아휴직이 끝나갔다. 그동안 육아에 지쳐 "힘들다."란 말만 연발하고 살아오다가 복직을 한 달 정도 앞두니 다시 업무에 잘 적응할 수 있을지 걱정이 앞섰다. 비정규직으로 7년간 근무해오다가 공개채용 응시를 통해 정규직으로 합격해 일한 것은 1년밖에 되지 않았다. 업무를 익히자마자 출산으로 육아휴직을 쓰게 되어 간신히 익혔던 업무들도 다 잊어버린 것은 아닐지 걱정이 되었다. 회사 내부적으로 많은 변화가 있어 복직을 하게 되면 어떤 업무를 맡게 될지도 몰랐다.

휴직을 하기 전에는 전산관련 업무를 담당했었다. 각종 서버들이 모여 있는 전산실과 회사 대표 홈페이지 관리 및 컴퓨터와 관련

되는 일을 했다. 사실 이 업무를 맡기 전에는 서버가 뭐하는 물건인 지도 몰랐다. 업무를 하면서 배우고 익히다 보니 자연스럽게 일을 할 수 있을 정도의 지식이 쌓였다. 이런 경험이 있기 때문에 어떤 업무를 맡게 되어도 열심히 할 수 있다는 각오를 했다.

나는 대학을 졸업하고 바로 취업을 했다. 정확히 말하자면 졸업 식을 하기도 전에 취업을 해 회사로 출근했다. 취업한 곳은 지방공 기업의 임원 부속실이었다. 취업을 할 당시에는 비정규직이었지만 졸업도 하기 전에 취업을 했다는 생각에 안도했다. 비록 비정규직이 지만 열심히 일하면 정규직으로 전환되어 다른 직원들과 함께 팀의 일원으로서 일할 수 있을 줄 알았다. 돌이켜보면 24살이라는 어린 나이에, 비정규직이지만 열심히 해보겠다는 생각을 했던 내가 기특 하다. 한편으로는 비정규직에 대해 잘 알지도 못하는 세상물정 모르 는 아이였기도 했다.

'언젠가는 정규직으로 전환이 되겠지…'라고 생각하며 매일 같은 시간에 출근을 하고, 하루 종일 1평 남짓한 작은 공간에서 일을 했 다. 특별히 주어진 업무는 없었다. 임원실로 걸려오는 전화 받는 일, 찾아오시는 손님 차 대접하는 일이 대부분이었다. 그 외 시간에는 틈틈이 책을 읽을 수 있었다. 간혹 업무가 바쁜 직원들이 방대한 양 의 워드 작업 같은 단순한 업무를 맡기면 도와주곤 했다. 정규직이 되려면 열심히 해야 한다는 생각에 정말 팔목이 빠지도록 워드 작업을 해줬다.

회사에서 정규직 직원의 채용을 한 번씩 했지만 내가 지원할 수 있는 분야가 아닌 경우가 많았다. 내가 지원할 수 있는 분야의 채용 공고가 나더라도 뽑는 인원이 많지 않았고 쟁쟁한 스펙을 가진 응시자들이 많았다. 내가 봐도 입이 떡하고 벌어지는 스펙을 가진 사람이 많았고, 이런 사람이 왜 여기서 일하려고 하는지 의문이 들 때도 많았다.

한두 해가 지나자 이대로 있어서는 안 될 것 같다는 생각이 들었다. 내가 가진 자격증이나 경력으로 지원할 수 있는 분야는 한정적이었다. 지원 가능한 분야를 늘리기 위해 어렵게 사회복지사 자격증을 취득하기도 했지만 번번이 합격하지 못했다.

임원 부속실에서 근무했기 때문에 채용면접과 합격자 임용장 수여식이 있을 때마다 응시자들의 얼굴과 합격자들의 얼굴을 봐야했다. 응시자들이 때로는 나의 경쟁자들이기도 했기 때문에 유심히 보기도 했고, 합격자로 걸어 들어오는 경쟁자들의 얼굴을 볼 때면 마음이 불편했다. 심지어 합격자가 나와 같은 건물에서 근무하며 얼굴을 마주해야 할 때마다 한동안은 마음이 편하지 않았다.

근무 초기에는 '언젠가는 정규직으로 전환되겠지'라는 막연한 희망과 계속되는 불합격으로 인해 마음이 불편하고 힘든 것도 시간이 지나면서 금방 잊혀졌다. 하지만 시간이 흐를수록 낙관적이고 밝았던 내가 비관적이고 부정적으로 변해가고 있었다. '어차피 안 될 것인데 응시해서 뭐해'라는 생각에 채용공고가 나도 응시하지 않는가 하면, 집에 와서 부모님에게 하소연하면서 펑펑 울기도 했다. 합격 자들이 임용장 수여식을 마친 다음에 임원과 함께 티타임을 가지는 데, 나와 같이 경쟁했던 상대들에게 웃으면서 차를 대접하는 일을 해야 할 때 너무 힘들었다. 하루는 너무 화가 나서 꼬박꼬박 저축해 둔 월급을 흥청망청 써버리기도 했다.

그래도 변하는 건 없었다. 막연한 희망과 좌절이 나를 위해 가져 다주는 것은 아무것도 없었다. 좌절할 때마다 현실을 분석하고 미래 에 필요한 것들을 하나씩 준비해 나갔던 덕분에 7년이라는 시간이 걸렸지만 결국에 다가온 기회를 잡을 수 있었다. 비정규직으로 근무 하는 7년 동안 필요한 자격증 취득을 위해 공부도 많이 했었다. 특 히, 미래를 준비할 수 있도록 실행하는 힘을 주는 책을 많이 읽었는 데, 그것이 좌절감에서 벗어나 긍정적인 마인드를 유지하며 버티게 하는데 큰 힘이 되었다.

회사에서는 직원들을 대상으로 정기적으로 CS교육을 실시한다. 인터넷 강의로 교육을 실시할 때도 있지만 직원들이 모인 곳에 외 부 강사를 초청해 교육을 실시할 때도 있다. 외부 강사들은 주로 고 객 및 직원들을 대할 때 필요한 기본적인 매너들을 알려줬다. 그럴 때마다 회사 및 내부업무에 대해 이해하고, CS교육과 업무와의 연 관성을 느낄 수 있도록 조금 더 실용적인 강의로 꾸며지면 좋겠다고 생각했다. 매번 비슷한 내용의 형식적인 교육은 무엇인가 가슴에 와 닿아 영혼을 울리는 메시지가 없어 아쉬움이 남았다.

CS교육을 실시하는 것보다 효과적이고 더 중요한 것은 직원들의 마음을 움직이는 것이다. 직원들의 마음을 움직일 수 있어야 고객들의 마음을 움직일 수 있지 않겠는가. 비정규직으로 7년간 임원 부속실에서 일을 했다. 임원실에서 일을 하다 보니 임원에게 중요한 결재를 받으러 오거나 각종 회의나 면담을 하러 오는 직원들을 하루에도 수차례 마주했다.

직원들은 임원실을 들어서기 전에 항상 긴장을 늦추지 못했고, 임원실을 나서는 발걸음마저도 긴장한 듯했다. 매일 임원실에서 임원들과 함께 근무하다 보니, 직원들보다는 임원분들에 대한 긴장감이 조금 덜했는지 임원실 앞에서 직원들이 망설이고 주춤거리는 모습이 안타까워 보였다.

반면에 자신감 넘치고 힘 있는 모습으로 임원실을 찾는 직원들도 있었다. 이런 직원들은 앞서 말했던 긴장하는 직원과 달리 자신의 업무에 열의를 가지고 있어보였고, 필요할 때는 임원 앞에서도 자신의 의견을 열심히 어필했다. 맡은 업무에 대한 열의와 자신감은 높은 업무성과로 이어지는 모습을 보였다.

직원들은 누구나 자신감 넘치며 행복한 회사생활을 할 권리가 있다. 직원 누구나 업무에 대한 열정을 가지고 일을 하고, 자기계발을 하면서 생산적인 시간을 보낼 권리가 있다. 자기가 하는 일에 대한 열정과 믿음을 가지고 있으면 아무리 어렵고 힘들더라도 자신감 넘치고 행복할 수 있다. 직원 모두가 회사에서 근무하는 동안 행복했으면 좋겠다. 이유가 생계든 취미든 꿈이든 누구나 일을 하면서 살아간다. 이유와 상관없이 항상 긍정적으로 생각하고 실행할 때 우리는 행복할 수 있다. 직원들이 긍정적인 마인드로 일할 수 있도록 동기부여 메신저가 되어주고 싶다. 그리고 직원들이 행복한 기업문화를 만들고 싶다.

육아휴직 기간 동안에도 책을 읽으면서 아이를 무조건적으로 사랑해주기 위해서는 나부터 사랑해야겠다는 메시지를 얻었고, 나를 사랑하기 위한 첫 번째 방법으로 내 꿈을 고민하고 찾기 시작했다. 육아에 지쳐 있을 때와는 달리 딸아이와 함께 성장해나가는 존재임을 느끼고 아이를 있는 그대로 바라보며 사랑할 줄 알게 되었다. 짧은 시간이지만 책을 쓰기 시작하면서 나와 대면하는 일은 힘들었지만 힘든 만큼 성장했음을 느낀다.

지금까지 가장 힘든 시기마다 책을 통해 힘을 내고 긍정적인 마인드로 새롭게 도전할 수 있는 계기를 마련해왔다. 앞으로는 책을 읽고 내가 성장해왔던 경험들을 직원들과 함께 나누고 싶다. 메일링이나 UCC제작, 블로그 운영 등으로 직원들과 함께 공유하고 소통할 것이다. 기회가 된다면 직원들 앞에서 미니특강도 해보고 싶다.

내 스스로를 사랑하기 시작한 순간 일어난 기적 같은 변화를 직원 모두가 함께 느끼고 행복해지는 경험을 할 수 있도록 직원들의 가슴을 울리는 '사내 동기부여 메신저'가 될 것이다.

3

크리에이티브한 작가에서 크리에이터로 성장하기

중고등학교 시절 나는 '카피라이터'라는 직업을 꿈꾸는 소녀였다. 사람들이 무릎을 탁 치고, 입이 쩍 벌어지도록 만드는 짧지만 감동적이 문구를 쓰고 싶었다. 지금은 전혀 다른 성격의 일을 하고 있지만 틈틈이 광고업계에 관심을 가지고 지내왔고, 그렇게 해서 얼마 전에 알게 된 사람이 있다. 《책은 도끼다》의 저자 박웅현 크리에이티브 디렉터다. 저자는 평범한 일상 속에서 생활하고 생각하면서 얻은 감동이나 아이디어를 기가 막히게 말로 잘 풀어놓았다. 역시 크리에이티브 디렉터답다는 생각을 하게 만들고 크리에이티브한 삶을 살고 싶게 만들었다.

살아오면서 내가 가장 크리에이티브했던 적은 언제인가 생각해 봤다. 대학시절 P아파트의 '내 집 방문의 날'이라는 행사진행 아르바이트를 했을 때다. 아파트를 분양받은 사람들이 입주하기 전 완공된 집을 방문하여 하자가 없는지 점검하는 행사였다. P아파트를 완공한 기업에서는 입주자들에게 열쇠를 건네면서 축하하며 꽃 한 송이를 같이 주도록 했다. 행사가 모두 끝나고 뒷정리를 하는데 꽃이 많이 남아있었다. 나는 남은 꽃들을 다 가져가도 좋다는 행사진행 팀장의 말에 한 아름도 더 되는 꽃을 앉고 집으로 가는 버스를 탔다.

버스를 타고 오는 길에 아무리 생각해도 집에 그냥 들고 가기에 꽃이 너무 많은 것 같았다. 함께 아르바이트를 하고 돌아오던 언니에게 "이 꽃을 좀 팔아보는 것은 어떨까요?"라고 제안을 했고 조금이라도 용돈을 더 벌 수 있을 것 같다며 흔쾌히 동의했다. 우리는 '꽃을 어디 가서 팔아야 할까?' 고민한 끝에 젊은 사람들이 많이 모여드는 극장가로 가기로 했다. 그리고 데이트하는 남녀를 대상으로 "여자 친구에게 꽃을 선물해보시는 건 어떠세요?"라고 말하며 한 아름의 꽃을 다 팔았던 기억이 있다. 지금 생각해보면 어린 나이에 부끄러움도 없이 그런 용기가 어디서 나왔는지 대견하기도 하고, 어떻게 "꽃을 사세요."라고 말하지 않고 "꽃을 선물하세요."라고 했는지 피식 웃음이 난다.

대학시절 평생교육학을 부전공으로 공부하며 평생교육 프로그램 기획 수업을 들을 때였다. "얼마 후에는 콘텐츠만 가지고 있으면 누구나 강의를 할 수 있다."는 교수님의 말씀을 듣고서는 친구와 함께 "우리도 프로그램을 기획하고 만들어서 팔러 다니자!"라는 당찬 의지를 품기도 했다. 그래서 학교 평생교육원에서 실시하는 '과학실험지도사'라는 과정을 이수했고, 어떻게 프로그램을 진행할지 기획하고 홍보물까지 준비했었다. 비록 홍보물 준비단계에서 우리의 계획이 무산되었지만 '어떤 콘텐츠를 가지고 누구에게 어떻게 전달할 것인가'를 신나게 토론했고, 생소한 과학실험이라는 분야를 공부하기까지 했다.

내 속에 잠재된 크리에이티브한 삶에 대한 의지는 계속되었다. 비정규직으로 1평 남짓한 작은 공간에서 7년 동안 근무하면서, 임원실로 걸려오는 전화 받는 일과 찾아오시는 손님 차 대접하는 일이 대부분이던 시절, 막연한 희망과 좌절 속에서도 틈틈이 책을 읽었다. 육아휴직 기간 중에도 육아로 인해 지친 몸과 마음을 달래려 책을 읽었고, 책을 쓰기 시작했다. 힘들고 좌절하고 싶을 때 좌절하지 않고 책을 읽었고, 책을 통해서 크리에이티브하게 살아가는 힘을 얻을 수 있었다.

즐겨보는 홈쇼핑 채널이 있다. 정확히 말하면 챙겨보는 쇼핑호스트가 있다. 쇼핑호스트 '정윤정'이다. 채널을 돌리다가 우연히 홈쇼핑을 봤는데 정윤정 쇼핑호스트였다. 팔고 있는 뷰티상품에도 눈이 갔지만, 정말 눈이 간 것은 상품을 정말 사고 싶게 만드는 멘트였다.

다른 쇼핑호스트와는 확실히 다르다는 것이 느껴졌다. 마치 아는 언니나 동생에게 자신이 써봤던 좋은 제품을 이야기하는 것 같았다. 상품을 팔려면 상품에 대한 전문을 적고 자세한 정보를 전달해야한다는 생각과는 달리, 자신이 써보고 느꼈던 점들을 이야기하면서 상품에 대해 감탄하는 모습을 보여줬다. 생각해보면 소비자들은 상품의 기능성 못지않게 상품이 소비자에게 가져다 줄 수 있는 이미지를 보고 제품을 구매한다. 이런 식으로 내가 꼭 상품을 팔 것은 아니지만 홈쇼핑을 보면서도 소비에 초점을 두지 않고 누군가를 설득할 수 있는 전략을 분석하고 공부하면서 봤다.

돌아보면 인생의 중심을 소비가 아닌 생산적인 것에 두었었다. 나에게 크리에이티브 하게 산다는 것은 평범한 일상을 창조적이고 생산적으로 살아낸다는 의미이다.

창조적 기업가들의 비밀을 푼 전략 전문가 에이미 윌킨슨은 《크리에이터 코드》에서 크리에이터들은 남들이 보지 못하는 기회를 포착하고 미래에 초점을 맞추며, 머릿속에 있는 가정을 끊임없이 갱신하며 작은 실패를 통해 회복탄력성을 기른다고 한다. 또 문제 해결을 위해 다양한 사람들과 협력하며 정보 공유를 통해 타인을 돕는다고 한다. 내 지난 삶의 순간순간도 크리에이터로 살아왔다고 할 수 있겠다.

앞으로 나는 많은 책을 읽을 것이고 책을 쓰기로 했다. 책을 통해서 크리에이터로서의 길을 걸어가고 싶기 때문이다. 책을 쓰고 내가 쓴 책의 콘텐츠를 여러 방법으로 기획하고 진행하는 크리에이터가 되고 싶다. 일상에서 얻은 아이디어를 놓치지 않고 스토리로 만들어 책으로 펴낸 뒤에 책 속의 콘텐츠를 활용하여 강의는 물론이고, 평생교육프로그램으로 기획하고 진행할 것이다. 기획하는 프로그램마다 소그룹을 형성해서 서로 커뮤니케이션할 수 있는 공동체를 만들 계획 또한 세웠다.

10여 년 전 '기업교육론'이라는 과목 교수님께서 하신 말씀과 표정이 기억난다.

"얼마 후에는 여러분들이 쓴 글에 실시간으로 댓글이 달리고 그 댓글에 또 댓글이 달릴 것입니다."

당시에는 이게 무슨 말인지 잘 이해가 되지 않았다. 교수님께서 하신 말씀이 어떻게 실현되고 어떤 파급효과를 가져올 것인지 상상이 안 되었다. 10여년이 지난 지금에서야 그때 교수님께서 말씀하셨던 것이 SNS시대였다는 생각이 들면서, 그때 교수님과 더 토론하지 못했던 것이 많이 아쉬웠다. 충분히 토론하고 미래를 예측하고 준비했더라면 나만의 스토리를 잘 정리하여 기록해두었을 것이고 내 꿈을 위한 재료로 잘 활용했을 것이다.

미래학자 다니엘 핑크는 《새로운 미래가 온다》에서 앞으로는 개념과 감성의 시대로 진입하면서 창의성과 감성적 공감 능력이 중요한 시대가 올 것이라고 했다. 이번에는 놓치지 않고 준비해야겠다. 그가 저서에서 말하고 있는 것처럼 트렌드와 기회를 포착하고, 스토리를 만들어내고, 서로 다른 아이디어를 결합해 새로운 것을 창조해야만 한다. 평범한 일상에서 목표와 의미를 이끌어내고 다른 사람들과 여러 방법으로 상호작용하는 크리에이터로서 스스로를 컨트롤하는 1인 기업가로서 크리에이티브하게 살고 싶다.

나는 오늘 말이 통하지 않는 딸아이에게 다양한 방법을 통해 이유식을 먹이는 데에 성공했다. 딸아이 교육을 위한 투자자로 남편을 끌어들이기 위해 나의 교육철학을 전략적으로 어필해서 협력하도록 만들었다.

앞으로 내 일상에서 더 많은 기회를 포착해서 그것을 스토리로 만드는 크리에이티브한 작가로 성장하여 내 스토리를 여러 사람들과 다양한 방법으로 나누는 크리에이터로서의 삶을 살기로 다짐했다.

4

다개국어 구사로 세계를 무대로 활동하기

딸아이를 임신했을 때 출산준비를 하며 딸아이 외국어 교육도 함께 준비했다. 병원에서 실시하는 태교 프로그램을 통해 많은 정보를 얻었다. 그 가운데 아기가 배속에 있을 때부터 외국어를 많이 들려주면 태어나서도 모국어처럼 자연스럽고 친숙하게 외국어를 받아들인다는 사실을 알게 되었다. 태교로 외국어를 들려주는 것은 아기가 태어나 힘들게 외국어 공부를 하는 것보다 비교적 손쉬운 방법이라 생각해서 출퇴근하는 차안에서 영어 CD를 들으며 태교를 했다.

외국어 교육에 관심을 가지고 여러 정보를 검색하다가 다개국어 교육법 강의로 잘 알려진 박현영 선생님을 알게 되었고 강의까지 들게 되었다. 내가 사는 지역에서 차로 2시간가량 떨어진 곳에서 진행되는 강의에 남편과 함께 만삭의 배로 참석했다. 태어나지도 않은 아이를 위한 외국어 교육에 대한 관심이 엄마의 열정으로 느껴지기도 했고, 극성스러움으로 느껴지기도 했다. 하지만 좁은 강의실에 빈자리 하나 없이 엄마들로 가득 차 있는 모습을 보고, 5~6시간의 강의까지 듣고 나니 생각이 바뀌었다. 외국어 교육에 대한 마음 하나 먹은 것을 외국어 교육에 대한 열정이라고 말하기가 부끄럽게 느껴졌다.

동시 통역사 박현영 선생님은 딸아이 다개국어 교육으로 많이 유명해졌다. 딸아이가 영어, 중국어, 일본어를 유창하게 구사한다. 엄마가 동시 통역사라서 딸아이도 당연히 외국어를 잘 할 것이라는 생각과는 다르게, 외국어 공부를 아이와 함께 하루 10분~30분씩, 10년 동안 꾸준히 한 덕분이라고 했다. 유별나게 조기교육을 시켰을 것 같지만 알파벳 쓰기도 여덟 살에 처음 시켰다고 했다. 그녀는 그녀의 저서 《박현영의 슈퍼맘 잉글리시》에서 유명한 학원이나 개인 교습보다 아이에 대해 잘 알고 있는 엄마가 모국어를 가르치듯 외국어를 지속적으로 가르치는 것이 효과적이라고 말하고 있다.

효과적이고 올바른 외국어 교육법에 대한 관심을 가지다 보니 '왜 외국어 교육이 필요한가?'에 대해서도 많이 생각했다. 그러던 중에 SBS에서 방영되었던 〈나는 세계로 출근한다〉라는 다큐멘터리를 찾아보게 되었다. 해외취업에 성공해 해외에서 일하고 있는 한국인들의 하루를 관찰하면서 인터뷰한 프로그램이었다. 다큐멘터리의 여러 인터뷰 가운데 "큰물에서 놀고 싶었습니다."라는 말이 인상적이었다. 외국어를 구사하게 되면 한국이 아닌 세계를 무대로 자신의 기량을 펼칠 수 있는 기회가 생긴다. 자신을 필요로 하는 곳에서 자신이 제공한 서비스에 대한 가치를 제대로 인정받으며 하고 싶을 일을 할 수 있다는 것을 새삼 느끼게 되었다.

그리고 딸아이만을 위한 외국어 교육에 그쳐서는 안 되겠다는 생각이 들었다. 딸아이 외국어 교육을 위한 엄마의 선행학습이 아닌, 나를 위한 외국어 공부가 더 중요하고 꼭 필요함을 느꼈다. 30살 전에 천 권 이상의 책을 읽고 얻게 된 공부철학을 책으로 쓴 김애리 작가는《여자에게 공부가 필요할 때》라는 저서에서 "하나의 언어를 배운다는 것은 다른 세계로의 문을 두드리는 일과 같다."고 했다. 그리고 해당 문화권의 수많은 사람과 잠재적 친구가 된다는 의미이고, 세상을 더 잘 이해하고 받아들일 수 있는 열쇠를 가지게 되는 일이라고 했다.

몇 해 전, 친한 친구가 외국인 친구를 만나기로 했는데 같이 나가자는 것이었다. 그 친구는 고등학교 때 우리 학년에서 손가락에 꼽힐 정도로 공부를 잘했고, 대학에 가서는 교환학생으로 캐나다에 다녀와 영어도 유창하게 구사한다. '영어 잘하는 친구가 옆에 있으니 외국 사람과 같이 밥 먹는 정도는 괜찮은 경험이 되겠지'라고 별 생각 없이 따라 나갔다. 처음에 친구의 외국인 친구를 만났을 때는 "Hi! Nice to meet you!"라고 웃으면서 간단한 인사 정도를 나눴다. 그리고 내 모자라는 영어 실력을 위해 밥을 먹으러 가는 내내 친구가 영어와 한국어로 통역을 해주었다.

식당에서 밥을 먹는 동안에도 친구와 외국인 친구는 끊임없이 영어로 대화를 나눴다. 그런데 갈수록 대화 내용이 무슨 뜻인지 못 알아들을 정도로 대화 주제가 심도 깊어졌고 말의 속도도 빨라졌다. 알아듣지 못하는 단어가 하나둘 늘어났다. 같이 앉아 있지만 혼자 밥을 먹는 기분이었다. 그때부터 집으로 돌아올 때까지 한마디 말도 못했는데 그런 내가 너무 실망스러웠고 부끄러웠다.

학교를 다니면서 영어를 십여 년 공부하며 영어시험에서는 괜찮은 점수를 받았지만 실전에서는 말짱 도루묵이었다. 이제는 입시나 토익처럼 외국어 등급을 받기 위한 공부가 아니라 말하기가 되는 진짜 공부를 하고 싶어졌다.

《유엔미래보고서 2040》에 따르면 앞으로 세계 속에서 살아가거나 일자리를 얻는 데 가장 도움이 되는 언어는 영어이며 중국어 또한 사용자가 계속 늘어나고 있어 중요한 비즈니스 언어가 될 것이라고 한다. 영어와 함께 중국어 공부도 선택이 아닌 필수다. 그동안 딸아이를 위해 모아 두었던 외국어 교육방법들을 활용해서 나부터 영어와 중국어를 공부하고자 한다.

기상 후나 취침 전에 적어도 하루 10분~30분씩 영어와 중국어를 꾸준하게 공부할 계획이다. 유아용 놀이 용어부터 익혀서 딸아이와 함께 하루에 단어 하나 문장 하나씩을 외치며 익혀나가야겠다. 딸아이와 함께 영어·중국어 동요부터 소리 내어 부르면서 쉽게 시작하고자 한다. 더 나아가 외국어에 즐거움과 재미를 느끼게 되면, 팝송과 중국노래 부르기에 도전할 것이다. 내가 좋아하는 로맨틱코미디 영화를 보면서 대사를 따라하며 자연스럽게 외국어를 익히고 싶다.

그리고 내가 쓴 책을 직접 영어와 중국어로 번역할 것이다. 번역하는 동안 외국어 공부도 할 수 있고, 나의 저서를 영어판과 중국어판으로 펴낼 수도 있는 좋은 기회를 얻을 수 있기 때문이다. 매일매일 공부한 내용과 그 방법은 블로그에 일기처럼 작성하고자 한다. 공부했던 자료들을 올리고 어떤 방법으로 실행했는지 메모하여 나의 성장기록을 남기고 다른 사람들과 공유할 수 있도록 말이다.

책 쓰기에 관심을 가지고 책을 쓰기 시작하면서 작가도 해외에 저작권을 수출할 수 있다는 놀라운 사실을 알게 되었다. 실제로 18년간 200권의 책을 써서 기네스북에 등재된 책 쓰기 명장 김태광 작가는 중국과 대만, 태국 등 해외에 저작권을 수출하고 있다.

나도 베스트셀러 작가가 되어서 내가 쓴 책의 저작권을 해외로 수출할 것이다. 그 후엔 해외 언론매체와 인터뷰도 가지고, 해외의 독자들과도 다양한 방식으로 커뮤니케이션을 하고자 한다. 이때 번

역기나 통역사 없이 해당 외국어를 유창하게 구사하는 멋진 내 모습을 상상해본다.

다개국어를 구사하게 되면 앞으로 내가 기획하고 진행할 평생교육프로그램을 한국뿐 아니라 해외에 수출할 기회도 생긴다. 더 큰 무대에서 활동할 것이고 물질적으로나 정신적으로 더 많은 것을 누리고 느끼며 살고 싶다. 10년이 걸리는 일이라고 하더라도 내 나이 마흔 둘 밖에 되지 않는다. 세계를 무대로 삼아 영어와 중국어에 능통한 작가로 활동할 것이다!

5

친정엄마에게
유럽의 낭만 선물해드리기

한두 시간의 짧은 진통이었음에도 불구하고 분만실에서 아기를 낳자마자 '세상의 모든 어머니들은 위대하다!'는 생각이 들었다. 아기를 낳는 것은 상상 그 이상으로 힘들었다. 출산 후 얼마 있다 미역국이 나왔는데 미역국 한 숟가락이 너무 무거울 정도였다. "숟가락 들 힘도 없다."라는 말을 실감했다. 그리고 출산 후 제일 많이 생각났던 사람이 바로 엄마다. 하나도 이렇게 힘든데 나와 내 동생까지 둘씩이나 낳은 엄마는 얼마나 힘들었을지 생각이 들었다

딸아이를 키우는 동안에도 엄마 생각이 많이 났다. 딸아이를 데리고 조리원에서 나온 첫날, 밤 11시부터 울던 딸아이가 새벽 2시가 다 되도록 울기만 했다. 남편과 급히 인근 병원 응급실을 찾았지만

신생아는 진료를 봐주지 않는다고 해서 멀리 있는 대학병원까지 가야하나 고민하다가 출산 후에 머무르던 조리원으로 가보기로 했다. 조리원에 도착하자마자 조리원 선생님이 "쨍쨍이 올 줄 알았다."고 하셨다. 조리원에 있는 동안 밤마다 잠을 안자 선생님이 밤새도록 안고 계셨다고 한다. 우유병을 물렸더니 꿀꺽꿀꺽 한통을 금방 비웠다. 그리고는 울음을 뚝 그쳤다. 배가 고파서 그렇게 울었는데 초보엄마가 그걸 몰랐다.

초보엄마 신고식을 이렇게 톡톡히 치르고 한숨을 돌리고서 제일 먼저 생각 난 사람도 엄마였다. '엄마도 이렇게 밤잠 못자며 놀랐던 적이 한두 번이 아니었겠지' 하고 말이다.

기질 강한 딸아이를 키우는 것은 순탄한 일이 아니었다. 신생아 때부터 바닥에 누워 있는 일이 거의 없었다. 울기도 엄청나게 울었다. 양가 부모님께서 "이런 아기는 처음 본다."고 하실 정도로 크게 울고 바닥에 누워 있지 않았다. 딸아이가 울면 집 안팎을 가리지 않고 유모차에 태워 밀었고, 효과가 좋다는 바운서와 아기띠, 노리개는 모두 구매했다. 아기가 태어난 지 100일이 지나면 우는 것도 덜하고 잠도 잘 잔다는 '100일의 기적'이라는 것도 없었다.

300일 무렵이 지나서야 '그동안 내가 숨은 쉬고 있었구나'하고 그 사실을 알아차릴 수 있을 정도로 조금 나아졌다. 딸아이의 잠투정이 특히나 심했는데 잠투정은 300일이 지나서도 여전했고, 여러 궁리 끝에 아로마테라피 요법까지 해봤는데 통하지 않았다.

우리 딸아이는 여자아이임에도 불구하고 웬만한 남자아이들보다 활동적이었다. 영유아를 둔 부모를 대상으로 부모교육을 하시는 선생님의 상담을 받을 기회가 있었다. 선생님은 딸아이의 행동을 관찰하시고 몇 가지를 물어보시더니, 원래 까다로운 기질을 타고난 아이라고 하셨다. 아기의 기질은 세포분열을 하는 태아 때 형성되는데, 그 기질에 따라 몸의 특성이 다르게 나타나고 수면 습관도 다른 양상을 보인다고 한다.

우리 딸아이와 같이 '중배엽 우세형'의 특징을 보이는 아이들은 수면 시간이 짧고 아침에 일찍 일어나며 낮잠 자는 시간이 짧다고 했다. 에너지가 넘쳐 나서 가만히 있지 않으며 목소리와 울음소리가 큰 특징을 보인다고 했다. 그리고 하고 싶은 것 갖고 싶은 것은 가질 때 까지 울고, 목이 자주 쉬어 있고 울어서 지치지 않는다고 한다. 이런 모습들은 '중배엽 우세형'의 아기들에게서 나타나는 일반적인 특징이라고 하셨다. 나를 힘들게 했던 딸아이의 이런 행동들이 정상적인 발달 과정이라는 생각에 안도했지만 딸아이의 모든 행동들을 있는 그대로 받아들이고 이해하는 일은 여전히 힘들었다.

매일 딸아이와 씨름하면서 겨우겨우 한숨을 돌릴 때마다 '요즘에는 아이를 키우는 데 유용한 용품이나 육아정보가 많지만 내가 태어났을 때는 그런 것도 없었을 텐데 단칸방 안에서 엄마는 얼마나 힘들고 당황스러울 때가 많았을까?'하고 힘들었을 엄마 생각이 많이 났다.

딸아이가 태어난 지 200일 정도 되었을 때였다. 엄마가 우리 딸 아이를 돌봐주시다가 넘어지셨고, 무릎을 다쳐 수술을 받으셨다. 평소 건강한 무릎이 아니셨기에 수술 후 경과도 좋지 않고 회복이 더뎌 걱정을 많이 했었다. 꾸준히 물리치료를 받으시고 있고, 다행히 일상생활은 하시지만 항상 조심하셔야 한다. 딸아이를 키우는 동안 고생하시며 우리를 키워주신 엄마 생각을 많이 했던 터라 딸아이 때문에 무릎을 다치신 엄마에게 많이 죄송하고 속상했다.

얼마 전 내 생일날 있었던 일이다. 남편이 생일선물로 무엇을 받고 싶냐고 물어보는데 딱히 받고 싶은 선물이 떠오르지 않았다. 대신 나를 낳아주시고 키우시느라 힘들었을 엄마를 위해 선물을 해드리고 싶었다. 그래서 남편에게 우리의 생일에 서로에게 선물하는 것보다 우리를 낳아주신 어머님들께 선물을 해드리는 게 좋을 것 같다고 말했고, 그렇게 하기로 했다. 우리가 태어난 것도 축하받을 일이지만 이렇게 축하받으며 자랄 수 있도록 우리를 태어나게 해주신 어머니가 제일 먼저 생각나는 날이기 때문이다. 그 뒤로 남편은 자신의 생일이 이렇게 기다려지는 건 처음이라고 말했다. 자신의 생일에 누군가에게 그것도 어머니에게 선물을 할 수 있다고 생각하니 기쁘고 설렌다고 했다. "아이를 낳아봐야 철이 든다."는 말이 꼭 맞는 것 같다.

　내 생일에 엄마에게 선물을 해드리는 것 말고 엄마에게 드리고 싶은 선물이 또 하나 있다. 바로 유럽여행이다. 우리가 어릴 때 부모님은 건설업과 가축업을 병행하시며 자수성가하셨다. 엄마는 건설 현장에서 일하시는 아버지를 도와 현장에서 일하는 인부들 밥이며 참을 직접 만들어 주셨고, 아침저녁으로는 농장에 가셔서 소를 키우셨다. 여름에는 뜨거운 햇빛 아래서 더위와 싸우셨고 겨울에는 추위와 싸우시며 오늘을 일궈내셨다. 지금껏 거친 환경 속에서 궂은 일만 하시며 살아오신 이런 엄마에게 이제는 아름다운 유럽의 낭만을 선물해드리고 싶다.

　엄마를 프랑스 파리, 스위스 융프라우, 이탈리아 베네치아로 모시고 갈 계획이다. 프랑스에서는 파리 에펠탑에 올라가 개선문을 중심으로 뻗어 있는 방사형 도로망과 쭉쭉 뻗은 도로망 사이로 형성된 도심을 보면서, 그동안 살아내 오신 세월의 무게를 날려버리시고 가슴이 시원하게 뻥 뚫리시도록 해드리고 싶다. 에펠탑을 내려와서는 샹젤리제 거리에서부터 몽테뉴 거리까지 번화가를 걸으며 쇼핑을 시켜드리고, 밤에는 센강에서 유람선을 타며 프랑스의 낭만을 선물해드릴 것이다.

　스위스에서는 산악열차를 타고 깨끗하고 드넓은 자연을 감상하며 융프라우로 오르고자 한다. 융프라우에 도착해서는 구름 위에 서

있는 엄마의 모습을 사진으로 담아드리고 싶다. 내려오는 길에는 따뜻한 컵라면 하나로 엄마와 같이 몸을 녹이면 좋겠다.

마지막 여정인 이탈리아 베네치아에서는 곤돌라를 타고 베네치아의 노을을 감상할 것이다. 저녁에는 산마르코 광장으로 가서 더 이상 행복할 순 없을 만큼 아름다운 산마르코 광장의 야경을 선물할 계획이다. 그리고 이탈리안 식당에서 멋진 저녁을 먹고 노천카페에서 여유롭게 차 한 잔을 즐기고 싶다.

엄마를 모시고 유럽으로 떠나는 계절이 가을이기를 바란다. 센강 야간 유람선을 탈 때는 낭만을 더해줄 가랑비가 내려줬으면 좋겠다. 융프라우에 올랐을 때는 안개가 걷히길 기도하고, 베네치아에서 곤돌라를 타고 산마르코 광장의 야경을 즐기는 동안에는 비가 내리지 않기를 소망한다.

더 늦기 전에 엄마와 낭만적인 유럽의 가을을 함께 거닐며 엄마가 한평생 여행다운 여행을 하실 수 있도록 하고 싶다. 그동안 엄마가 살아내 오신 힘들었던 일상을 잊을 수 있을 만큼의 아름다운 낭만을 선물해드리고 싶다.

4

세계를 무대로 활동하는
글로벌 리더

_조맑은

조맑은

웹 접근성 컨설턴트, 성공 유학 컨설턴트, 청년메신저, 동기부여가, 여행가

웹 접근성 및 다국어 전문 웹 퍼블리셔로, 대기업(현대건설, 삼성전자) 및 공공기관 외 다수의 웹 개선
작업에 참여한 경험을 바탕으로 웹 접근성 컨설턴트로 활동 중이다. 또한 6년간의 중국 유학
경험들을 토대로 유학 컨설팅도 겸하고 있다. 인생의 다양한 경험은 성공의 씨앗이자 미래의
밑빛이라는 신념으로 살고 있다. 현재 IT와 자기계발서를 비롯한 다양한 분야의 저서를 집필 중이다.

- E-mail_ jomalkeun@naver.com
- Blog_ jomalkeun.blog.me
- Homepage_ www.fine-publisher.com

1

빛나는 내일을 위해 즐거운 오늘 살아가기

"어차피 내 인생은 정해져 있어."

"하고 싶은 걸 다 하고 살다가 노인이 되었을 때 어쩌려고 그래? 그런 쓸데없는 돈 낭비는 안 하는 것이 좋지 않아?"

"언니, 요즘 세상에 아이를 셋 낳으면 대학교 들어가기 전까지 얼마가 드는지 알아? 중학교 참고서 비용이 매달 십만 원씩 들어가는 세상이야!"

나 자신이 과거에 항상 입에 달고 다니던 말이다. 주변의 지인들은 세상을 긍정적으로 보라고 말하며 세상은 내가 생각하는 것보다 훨씬 아름답다고 조언해줬다. 내가 한 말들이 틀린 말은 아니지만 그럼에도 불구하고 웃으며 살아가는 사람들이 많다고 했다. 그러나 내 귀에는 허례허식으로 얼룩진 가치관으로 결혼 준비 비용이 없어서 결혼을 무기한 미루는 그들이 안타까운 이상주의자로 보였다.

부모님께서는 무일푼으로 자수성가한 사람이었다. 우리나라의 고도 성장기 시절을 매우 잘 타서 먹고사는 데 지장이 없었던 매우 평범한 부부였다. 아버지는 훌륭한 가장이었고, 어머니는 완벽한 현모양처였다. 그리고 부모님은 나와 남동생에게 바라는 성공적인 모습의 삶이 있었다. 그것은 우리 남매의 꿈보다 훨씬 중요했다. 우리의 미래는 부모님께 저당 잡혀 있다고 세뇌를 받으면서 자랐다.

부모님은 원하는 삶을 살기 위해서는 자신들처럼 성실하게 살면 모든 것이 잘 풀릴 것이라고 이야기하셨다. 나 또한 성공한 부모님처럼 항상 근검절약이 몸에 배어 있었기에 머릿속에서는 24시간 계산기가 정확히 지나갔다. 친구들을 만나서 커피 한 잔을 마셔도 머릿속에서는 '이 커피 한 잔의 4천 원을 한 달 동안 절약하면 연금보험을 20만 원 더 낼 수 있고, 그러면 50년 뒤에 받을 수 있는 내 연금이 3천만 원이 더 된다. 그러니까 나는 지금 이 돈을 써서는 절대 안 된다. 분명히 쓰고 나서 후회하게 될 거야! 어떻게 하면 저렴하게 지출하면서 비난받지 않을 수 있을까?'라는 논리로 항상 나 자신을 방어했다.

나는 철저한 현실주의자였고 머나먼 미래를 대비하지 않으면 이

팍팍한 현실보다 더 괴로운 삶이 기다리고 있음을 항상 상기하고 있었다. 쓸데없는 지출을 항상 경계했고, 통장잔고를 어떻게 하면 사수할 수 있을지 고민했다. 월말 가계부가 100원이라도 정확하게 맞지 않으면 자책했고, 서점에 가면 자연스레 경제, 경영 서가만 기웃거렸으며 책값이 아까워 도서관에 파묻혀서 살았다. 심지어 책값은 아까워서 월 10만 원을 받는 동네 도서관의 주말 사서일도 마다하지 않았다. 워렌 버핏의 신봉자였으며 최고의 투자는 가치투자라는 그의 말에 '나의 젊음을 내가 믿는 회사에 투자한다'라는 발상으로 남들이 쳐다보지도 않는 회사에 투자해서 짧은 기간 100만원의 종자돈을 5년 사이에 월급을 포함해서 2천만 원으로 늘렸다. 주식 통장을 쳐다보면 항상 행복했고, 계속 투자에 투자를 거듭해서 마흔이 되기 전에 1억 원을 모으는 현실을 꿈꿨다. 젊음을 대가로 목표를 달성할 확신이 있었다.

그렇게 20대를 마무리해가던 스물아홉의 어느 날 나는 인생의 터닝 포인트를 만났고, 〈한국 책쓰기·성공학 코칭협회〉에서 주관하는 '김태광의 일일특강'를 듣고, 나의 신념은 완전히 달라졌다. "현실주의자가 아닌 이상주의자가 되세요! 언제까지 1미터도 안 되는 책상 안에서 천민, 노예로 살 겁니까! 미래를 위해 현실을 포기하지 마세요!" 그 5시간의 특강에서 다시는 경험할 수 없었던 온몸의 전율을 느꼈고, 다시는 현실주의자가 아닌 이상주의자로 살겠다고 결심했으며 지금까지 내가 비교했던 사람들은 이상주의자가 아닌 낙천주의자였다는 사실을 깨달았다. "오늘을 모아 내일 쓰자!"라는 마인드를 "오늘을 투자해서 더 나은 내일을 즐길 수 있다!"로 바꿨다.

마인드를 바꾸고 난 후 새로운 지식을 갈구하기 위해 주식통장을 미련 없이 깼다. 1년 투자한 통장이 수익률 2%를 기록하고 있었지만 아쉬운 마음이 들지 않았고, 얼마 되지 않아 신기한 일들이 끊임없이 벌어졌다. 전에는 하늘에 별처럼 느껴지던 수많은 베스트셀러 작가들이 내 미래에 한마디 한마디의 응원을 보내주었고, 스스로 붙잡고 있던 직장, 연애, 가족 등의 마음의 굴레들이 하나둘씩 풀렸다. 사표를 낸 직장에서는 부디 프리랜서로 일 좀 해달라고 매달렸으며 예상치도 못한 지인들에게서 일거리가 끊임없이 들어왔다. 주변사람들은 무슨 좋은 일이 있냐며 얼굴에 그늘이 사라졌다고 칭찬이 끊이지 않았다. 그것은 너무도 멋진 경험이었다! 이렇게 쉬운 것을 왜 붙잡고 온몸에 이상이 생겨가면서 스트레스를 받고 있었는지 알 수가 없을 정도였다.

열심히 직장을 다니며 월급이 밀리고, 야근을 밥 먹듯이 하더라도, 작은 회사의 정규직 삶에 만족하고 있던 시절, 나의 작디작은 월급통장의 일부는 계속 순환이 되지 않는 내 몸의 정상화를 위해 한의원에 쓰여지고 있었기 때문이다. 한의원에서 하는 말은 항상 똑같았다.

"예민한 성격을 타고 났는데 과도한 스트레스로 인해서 온몸의 순환이 되지를 않네요. 적어도 6개월 이상은 한약을 먹고 치료를 받아야겠어요."

그 6개월은 훨씬 옛날에 지났으며 정말 미련한 짓이었다. 행복을 위해 돈을 모으고, 그 돈을 위해 일하는 직장에서 불행을 느끼고 있다니, 이 얼마나 어리석은 삶인지 아직도 직장인의 삶을 의심하지 않는 사람들이 안타까울 뿐이다.

'끌어당김의 법칙'으로 유명한 제리&에스더 힉스 부부는 저서 《유쾌한 창조자》에서 이렇게 말하고 있다.

"우리는 현재 당신이 처해있는 삶의 상황이 어떠하든 지금 있는 그 삶의 자리에 기뻐할 수 있기를 강력히 바라고 있습니다. 이 말이 얼마나 이상하게 들릴지 우리는 잘 알고 있습니다. 특히 현재 상황이 자신이 원하는 삶과 너무나 동떨어져 있다고 느끼는 사람들에게는 더욱 그러할 것입니다. 하지만 우리는 당신에게 절대적으로 약속할 수 있습니다. 당신이 '지금 이 순간 기분 좋게 살아가는 것에 담긴 힘'을 진실로 이해할 수만 있다면, 현재 삶의 상황이 어떠하든 자신이 원하는 게 무엇이든, 그것이 어떤 존재 상태나 건강한 상태 또는 물질적 풍요가 됐든 관계없이, 당신이 바라는 그 모든 것을 실현시킬 수 있는 마법의 열쇠를 손에 쥐게 된 것과 같다고 말이죠!"

그들이 주장하는 '끌어당김의 법칙'은 현대의 노예로 살아가고 있는 직장인들은 물론이고, 다른 많은 이유로 원하지 않는 삶을 살고 있는 사람들에게 무슨 허황된 소리냐고 비난을 받고 있다. 하지만 이 신비로운 법칙을 이용해서 인생을 바꾼 사람들은 세상에 분명히 있고, 그들은 단 1%의 의심도 하지 않고 노력했으며 최고의 성공을 거뒀다.

나 역시 그들의 성공이 운이 좋아서가 아닌 노력이 얻어낸 결과물이라는 사실을 수백 권의 책을 읽으면서 의심을 버렸다. 무슨 일이든 처음이 어려운 것이지만 점차 주변정리를 하면서 내가 자랑스럽게 쳐놓은 울타리들을 걷고 보니 새로운 기회가 다가오는 것을 느끼고 있다.

홍대리 시리즈로 유명한, 하우석 씨는 저서 《내 인생 5년 후》에서 다음과 같이 선언한다.

"울림 깊은 메시지를 외면하지 마라, 비켜서지 마라. 정면으로 받아들여라. '나도 할 수 있다'고 한번 덤벼보라. 해보지도 않고 안 될 거라고 어떻게 장담하는가. 당신의 인생은 결코 작은 돌멩이가 아니다. 출발점 앞에 선 당신의 인생은 작은 씨앗이다. 당신이 좋은 땅에 그것을 심고, 물을 주고 햇볕을 비쳐주기만 한다면 싹을 틔우고 자라 하늘을 덮을 만큼 커다란 나무로 커나갈 것이다. 이 세상에 씨앗이 아닌 돌멩이로 태어난 사람은 단 한 명도 없다. 모두가 씨앗이다.

'나는 큰 나무가 될 씨앗'이라는 자기 인식, 자기 확신이야말로 바고 당신의 인생을 바꿀 새로운 5년의 첫 걸음이 될 것이다."

나는 은퇴 후 30년을 무수입으로 살아야 하는 100세 시대가 두렵지 않다. 나이가 들어도 건강히 운동하면서 나만의 콘텐츠로 안정적인 삶을 유지할 자신이 있기 때문이다. 미래를 바라보는 이런 비전이 스스로 찾아낸 '마법의 열쇠'이며 내 자신이 '큰 나무가 될 씨앗'이라고 확신한다. 내일은 또 어떤 멋진 일들이 기다리고 있을지 기대되고, 흥분을 감출 수가 없다.

항상 찬란히 빛나는 미래를 향해 오늘도 희망차게 살아가는 하루를 만들 것이다!

2

한국형 Library Hostel 짓기

2006년 여름 홀로 떠난 유럽 배낭여행, 그곳에서 만났던 친절한 티라노의 마을 사람들과의 추억은 아직도 나에게 멋진 꿈을 남겨주었다.

당시 나는 밀라노에서 스위스로 가기 위해 기차를 탔는데, 티라노는 양국의 경계를 가로지르는 종착역이었다. 성수기인 여름이었지만 '설마 배낭여행자 혼자 잠들 숙소가 없겠어?'라고 생각하며 아무런 준비도 하지 않았다. 지금 생각해 보면 무슨 배짱이었는지 모르겠다.

기차가 종착역에 도착한 후, 모든 불이 꺼진 상태인지도 모르고 아무도 없는 객실 안에서 잠들었던 나는 기관사 할아버지께서 흔들어 깨워주신 후에야 목적지에 도착했음을 알았다. "Last! Last!" 영어를 잘 모르시던 할아버지께서 외치신 말은 오로지 라스트뿐이었다. 황급히 기차에서 짐을 내리고 주변을 둘러보자 바깥은 이미 어둠이 짙게 깔리고 비가 쏟아지고 있었다. 불행 중 다행으로 눈앞에 티라노에서 유일한 대형 호텔이 있었고, 동양인 배낭여행자 한 명이 묵을 객실 하나 쯤은 충분히 남아있을 것 같았다.

하지만 그 생각이 얼마나 안일했는지 알게 된지는 10분조차 걸리지 않았다. "Hello, Have Room? I'm alone. I want sleep Tonight.", "Nothing! No have one bed", "What?" 이렇게 넓은 호텔에 방이 하나도 없다고? 말도 안 돼! 알고 보니 미국인 단체여행객이 호텔을 전부 빌린 상태였고, 단 하나의 룸조차 남아있지 않았다.

한국에는 알려지지 않은 오지에 가까웠지만, 전 세계 기차 여행 구간 중 가장 아름다운 절경을 자랑한다는 베르니나 특급을 우습게 생각한 오판이었다. 바깥은 이미 걸어 다닐 수 없는 장대비가 이미 발목까지 잠길 수준으로 쏟아졌다. 심지어 나는 우산을 로마에서 잃어버린 상태였다.

망연자실하며 호텔 로비에서 자도 되냐고 묻는 나에게 직원은 안타까운 시선으로 바라보더니 여기저기 전화를 걸었다. 이탈리아어를 전혀 하지 못하는 나로서는 그저 '저 직원이 어디에 전화를 거는 걸까? 경찰서?'라고 생각하며 바라볼 수밖에 없었다.

얼마 지나지 않아 이탈리아의 미니 택시가 호텔 앞에 도착했고, 할아버지 택시기사께서 내 짐을 들어주었다. 그리고 그날 밤 기사님께서는 마을 곳곳에 있는 집들 전부에 전화를 거시며 한국에서 온 스무 살 여행자의 하룻밤을 쉴 수 있는 숙소를 찾아주셨다. 1시간 가까이 마을 곳곳을 돌아다니셨던 것 같다. 13개 정도의 초인종을 누른 후에야 나는 마음씨 좋은 노인 부부의 작은방에서 신세를 질수 있었고, 기사님과 노부부께 사례를 하며 다음날 아침 식사까지 행복한 추억을 남겼다.

그 여행은 스무 살, 42일의 유럽 여행 중에서 가장 따뜻한 기억이었다.

여행에서 돌아오고 난 후 '나도 해외에서 오는 손님들에게 항상 친절하게 대하고 최고의 여행 기억으로 남도록 돕자. 가능하다면 저렴하면서 따뜻한 잠자리도 제공하자!'라는 생각을 마음속에 품고 살게 되었다. 명동 근처에 갈 때 마다 지도를 들며 고개를 갸우뚱하는 외국인 여행자들에게 먼저 다가가 "Do you want go where?"라고 물으며 맞지도 않는 영어로 돕기 위해 노력했다.

또 한편으로 국내외 여행을 다니면 '이 숙소는 어떤 점이 단점이지?', '이곳은 이런 멋진 시스템을 가지고 있구나! 나중에 꼭 적용해 봐야겠다!' 이런 생각을 항상 머리에 품으며 상상했다. 외국에서 온 사람들을 웃는 모습으로 대접하고 웃으면서 떠나는 모습을 말이다.

책을 쓰는 작가가 된 후, 나 자신의 꿈을 찾아보는 프로그램을 우연히 보게 되었다. 자연스레 이탈리아의 추억이 생각났고 자료를 찾다가 내가 꿈꾸던 곳이 실제로 존재한다는 것을 알았다.

그곳은 뉴욕의 '라이브러리 호텔'이었다. 헬렌 아놀드가 쓴《죽기 전에 꼭 가야 할 세계휴양지 1001》라는 책에서 이곳을 이렇게 표현하고 있다.

"야심만만한 작가나 시인 지망생들이라면 뉴욕의 라이브러리 호텔에 한 번쯤 묵어볼 만하다. 열 개의 층을 듀이 십진법에 따라 한 층에 하나의 카테고리를 정했으며, 60개의 객실은 각각 해당 층의 카테고리 내에서 한 가지 토픽을 탐구할 수 있는 책들과 예술 작품이 구비되어 있다. 라이브러리 호텔은 세심하게 선정된 6천 권 이상의 장서를 보유하고 있으며, 모자란다면 걸어갈 수 있는 거리에 뉴욕 공공 도서관과 피에몬트 모건 도서관이 자리 잡고 있다. 투숙객들은 자신의 독서 취향에 따라 시와 고전, 동화는 물론 에로소설까지 원하는 객실을 요청할 수 있다. 너무 책에만 파묻혀 있었다는 생각이 든다면… 호텔 문만 열면 뉴욕 시티가 기다리고 있다!"

이곳을 알게 된 날부터 나의 버킷리스트에는 항상 TOP 3에 이곳이 포함되었다. 꿈꾸던 곳이 현실로 존재한다는 사실을 알게 된 후 바로 조사에 들어갔다. 내부의 벽은 전부 책장이고, 내부 인테리어를 수 만권의 장서로 장식되었으며 곳곳마다 책을 읽을 수 있는 공간이 있어 책을 좋아하는 사람들에게 천국 같은 곳이지만 단 한 가지 아쉬운 점은 있었다.

하룻밤의 숙박비가 매우 비싸다는 점이다. 1박에 최소 100달러, 약 13만 원에 가까운 비용이었던 것이다. 이런 훌륭한 곳을 오래도록 유지하기 위한 비용으로 어쩔 수 없는 선택이라는 것은 이해하지만 아쉬운 마음이 드는 것은 어쩔 수 없는 것 같다.

아마도 가난한 배낭여행자들이나 학생들은 엄두도 못 낼 금액일 것이며, 뉴욕 부유층의 사교장으로 사용되고 있는 것 같았다. 이런 부분은 내가 꿈꾸는 이상향과는 거리가 멀었기에 호텔이 아닌 호스텔을 세워야겠다는 생각을 하게 되었다. 비싼 1박의 객실 대신에 저렴한 1박의 침대를 말이다.

1909년 독일의 초등학교 교사였던 리하르트 시르만은 어린 학생들이 비싼 호텔의 2인실, 하나의 침대에 여러 명이 부딪히며 잠들어야 했던 유쾌하지 않은 수학여행을 겪은 후에 '유겐트헤르베르게(Jugendherberge: 도보여행 청년에게 싼값으로 잠자리를 제공하는 숙박소)'의 건설운동을 시작하게 되었다.

처음에는 어떤 사람이 그런 적자가 불 보듯 뻔한 숙소를 짓겠냐며 대중의 비웃음을 샀지만 오랜 시간이 흘러 전 세계로 퍼진 운동은 현대에 이르러 유스호스텔, 즉 '젊은이의 집'이라는 이름으로 건전한 숙소를 전 세계에 제공하게 되었다.

마음이 따뜻했던 초등학교 교사의 염원은 수많은 청년들이 국가, 인종, 성별 등의 차별에 무관하게 여행의 안전을 보장해주고 있다. 작은 상상이 시간이 흘러 대중적인 현실이 될 것을 라하르트 시르만은 알 수 있었을까?

고층 빌딩 하나를 짓는 일이 1~2억으로 되는 일은 아닐 것이며, 최소 100억 원 이상은 들지 않을까 예상해 본다. 어쩌면 나의 일생 전체를 써도 이루기 힘든 꿈일 수도 있다. 하지만 꼭 해낼 것이다! 가능한 한 높게 넓게 지어서 저소득층의 아이들이 기숙사에서 밀려났을 때에도 꿈을 이어갈 수 있는 공간으로 제공할 것을 약속한다. 보증금 50만 원에 꿈꾸는 학생들이 눈물 흘리는 일이 이 땅에 더 이상은 없기를 바란다.

로비에 내려오면 원하는 책이 곳곳에 널려있고, 수많은 사람들이 꿈과 성공에 관한 책을 자유로이 볼 수 있는 공간이 될 것이다. 수많은 성공자들이 "저도 학생시절에 여기서 책을 읽으면서 꿈을 키웠습니다. 힘든 시절에 적은 비용으로 의식주를 해결하면서 꿈을 키울 수 있었죠. 한국에 이런 곳이 있어서 정말 감사했습니다."라는 말을 들을 수 있는 공간을 꼭 만들고자 한다.

머지않은 미래에 세계의 젊은이들에게 꿈과 희망이 되고, 다양한 방송 및 미디어에 소개되면서 전 세계 국가의 청년들을 밝은 미소로

맞이할 수 있는 곳을 만들 것이다. 수많은 국가의 친구들과 이야기를 나누고, 친구가 될 수 있는 기회를 제공하고 싶다.

3

영화 <먹고 기도하고 사랑하라>와 같은 여행하기

영화 마니아인 나는 살아오면서 본 영화가 400여 편이 넘는다. 영화 관련 스마트 폰 앱 '왓챠'는 나의 영화 목록을 분석하여 "인생의 3주는 순수하게 영화 본 시간. 대단합니다."라고 평을 내렸다. 인생에서 3주라니! 600시간에 가까운 시간이고, 여러 번에 걸쳐서 본 영화들을 포함하면 한 달의 시간은 충분히 되지 않을까 예상해 볼 수 있다. 나는 그만큼 영화를 사랑한다.

그중에서도 로맨스, 코미디, 판타지 등 현실과 동떨어진 이야기를 가장 좋아한다. 하지만 그보다 더 좋은 영화는 실화를 기반으로 한 감동 영화이다. 감동 영화는 블록버스터 영화보다는 다양성 영화로 편성되는 경우가 많다. 그래서 대형 영화관에서는 상영을 안 하거나, 조조 영화 또는 밤 12시를 넘기는 완전 심야 영화가 아니면 스크린으로 보기가 힘들다.

그럼에도 불구하고 하루의 일과가 끝나면 혼자 영화관으로 향하여 발로 차는 어린이도, 스마트 폰 불빛을 밝히는 관객도, 심지어 팝콘 먹는 소리 하나 없는 공간에서 혼자만의 영화를 감상을 한다. 영화가 끝난 후 온몸에서 느껴지는 감동을 엔딩 크레딧이 전부 올라갈 때까지 느끼고 있으면 그날의 피로가 싹 풀린다.

살아오면서 본 수많은 영화들 중에서, 인생 최고의 영화를 3편 꼽는다면 〈맘마미아〉, 〈버킷리스트〉, 〈먹고 기도하고 사랑하라〉를 선택하겠다. 이 3편은 벌써 5번 이상 감상했지만 수차례 반복해서 보아도 충만해지는 감동은 여전히 그때그때 마음의 여운을 남긴다.

〈맘마미아〉에서는 그 흥겨운 ABBA 음악에 맞춰 춤추는 메릴 스트립 연기에 빠져들었고, 아름다운 그리스의 바다 아래 펼쳐지는 결혼식은 최고의 장면이었다. 나중에 결혼식은 꼭 야외 결혼식으로 하고, 최고의 파티를 열겠다는 꿈을 꾸게 했다. 물론 최고의 음악은 훌륭한 옵션이고, 우리나라에서 일반적으로 하는 30분 실내 결혼식은 너무나도 아쉬울 것 같았기 때문이다.

〈버킷리스트〉는 론다 번의 《시크릿》열풍이 식어가고 있던 2007년에 개봉한 영화였다. 수많은 영화 관련 평론가들은 이 영화에 평점 5 이상을 매기지 않았고 엄청난 혹평을 주저하지 않았다. 그럼에도 불구하고 입소문을 거쳐 누적관객 28만을 찍은 이 영화를 영화관에서 본건 내 인생의 행운이다. 하나하나 버킷리스트를 실현하고 얼마 남지 않은 상태에서 손녀에게 키스를 받은 후 '가장 아름다운 소녀와 키스하기'를 삭제하는 장면은 자연스레 관객으로 하여금 미소 짓게 만든다. 물론 이런 억만장자가 옆자리에 환자로 있을 가능성은 없겠지만 '버킷리스트'라는 개념을 알게 된 것만으로도 나에겐 인생의 큰 도움이 되었다.

〈먹고 기도하고 사랑하라〉에서는 안정적인 직장, 번듯한 남편, 맨해튼의 아파트까지 모든 것이 완벽해 보이지만 언젠가부터 이게 정말 자신이 원했던 삶인지 의문이 생긴 서른 한 살의 저널리스트 리즈가 주인공이다. 어느 날 그녀가 취재 업무 차 방문했던 발리에서 지역의 예언자인 '케투'로부터 모든 돈을 잃고, 오만가지 경험을 다해본 후 다시 발리에 돌아온다는 예언을 듣는다.

일상으로 돌아왔으나 얼마 되지 않아 결국 진짜 자신을 되찾고 싶어진 그녀는 용기를 내어 일, 가족, 사랑 모든 것을 뒤로 한 채 무작정 일 년에 걸친 긴 여행을 떠난다.

이탈리아에서 신나게 먹고, 인도에서 뜨겁게 기도하고, 발리에서 자유롭게 사랑하는 동안 인생의 진정한 행복을 느끼고, 마음의 치유를 얻는 스토리의 소설 원작 영화이다.

이 영화가 실화라는 사실은 스무 살의 배낭여행 이후 장기여행을 꿈꾸고 있던 나에게 가이드라인을 제시해주는 것 같았다. '언젠가는 나도 모든 것을 잠시 내려놓은 뒤, 마음의 평화, 그리고 치유를 위한 여행을 해야겠다. 그리고 그 여행에 대한 이야기를 책을 써내자!'라는 생각을 마음에 품게 해주었다.

첫 번째 테마인 '먹고'에서 최고의 식도락 국가는 과연 어디일까? 프랑스, 일본, 중국 등 음식이 유명한 나라는 많지만, 영화 속에서 주인공인 리즈는 이탈리아로 가서 이탈리아어까지 배우며 스파게티와 피자, 젤라또를 즐겼다. 이탈리아의 아름다운 건축물 사이로 걸어 다니며 여유를 즐기는 모습은 그곳에서 생활하기에 느낄 수 있는 행복일 것이다. 3박 4일의 촉박한 단기여행에서는 절대 느낄 수 없는 여유로움이 넘쳐난다.

나는 식도락 천국이라는 일본으로 가보려고 한다. 나는 현재 IT 관련 일을 하고 있는데, 시중에 풀린 많은 IT 서적들이 대부분 일본 번역서이다. 그래서 전부터 일본어를 꼭 한번 배워보고 싶었다.

좋아하는 만화인 타카세 시호의 《주문배달의 왕자님》처럼 작은 코타츠에 몸을 숨기고 일본 전역의 요리를 배달 시켜 먹어보는 생활을 즐겨보고, 거리와 가격에 상관하지 않고 기차를 타고 식도락 여행을 하는 일상을 꿈꾼다.

두 번째 테마, '기도하고'는 신앙이 없는 나에게 좀 어려운 주제이다. 하느님을 믿는 것도 아니기에 바티칸을 가고 싶지도 않고, 수많은 영화와 책 속에서 고난의 여정으로 표현되는 인도는 인생 말년에 나 가보고 싶은 나라이다. 아직 인생의 길을 천천히 걸어가고 있는 나에게는 인생의 무게라고 불리는 인도 배낭여행 가방의 무게가 버겁다.

그렇게 몇 개 나라를 고민해 본 후, '신들의 나라'로 불리는 그리스를 선택했다. 〈맘마미아〉를 보고 그 아름다운 푸른 빛깔의 바다를 보고 싶기도 했지만, 어린 시절 읽었던 《그리스 로마 신화》의 추억을 느끼고 싶다고 생각했다.

지혜와 전투의 여신 아테네는 나의 우상이었다. 어른이 되면 나 또한 아테네 여신처럼 지혜로운 사고와 맞서는 용기를 갖추고 살아가기를 꿈꿨다. 그랬기 때문에 아테네 여신의 신전은 마치 성지와 같이 느껴진다. 이번 기회를 통해 그리스에 가서 행운의 부적으로 조그마한 여신상을 구매해서 돌아오고 싶다.

세 번째 테마, '사랑하라.' 주인공 리즈가 발리에서 새로운 사랑을 찾은 것처럼 전 세계 어디에 가면 내게 내려진 사랑을 찾을 수 있을까? 마음 같아서는 빨리 찾고 싶지만, 안타깝게도 지금은 마지막 여행지를 정할 수가 없다. 목적지가 명확하지 않은데 무턱대고 여행을 떠날 수는 없기 때문이다. 하지만 앞으로 살아갈 시간 중에 분명히 진실되고 영원한 사랑을 만날 수 있는 장소에 내가 가게 될 것을 확신한다.

세 가지 테마를 포함한 여행이 언제 끝날지는 알 수 없다. 하지만 이 여행은 내가 선택한 꿈의 퍼즐 중 상당히 커다란 조각이다. 잠재의식에 항상 담고 있는 커다란 꿈이기에 그리 늦지 않은 시간 안에 이뤄질 것이다. 반드시 퍼스트 클래스를 타고 세계일주 항공권을 구매해서 마일리지를 최대치로 써보겠다!

5대양 6대주를 넘나들며 세계를 여행하고 돌아왔을 때 "어떻게 그런 여행을 하셨어요? 얼마를 들여서 다녀오신 건가요? 1억? 2억?"과 같은 많은 질문을 받을 것이다. 그리고 그때 나는 자신 있게 말하겠다.

"여행은 언제나 돈의 문제가 아니라 용기의 문제입니다. 저는 이 여행이 내가 살아온 삶 중에서 가장 멋있는 선택이었기에 고민 없이 떠날 수 있었습니다."

4

글로벌 콘텐츠 제작자 되기

"제 꿈은 글로벌 베스트셀러 작가입니다!" 내가 이렇게 외치면 주변에서 꼭 듣게 되는 말이 있다.

"왜 꼭 '글로벌' 베스트셀러예요?", "분야 베스트셀러도 힘든데, 국내 베스트셀러로는 안 되는 건가요?", "꿈이 너무 거창한 것 같은데 일단 작게 시작해봐."

주변사람들의 염려도 이해는 간다. 책 한 권 써보지 못한 내가 글로벌 베스트셀러를 쓰겠다니, 얼마나 가당찮아 보일지 안다. 하지만 우리나라에서 작가로 생활하기는 쉬운 일이 아니다. 도서정가제가 시작된 이후 전국 2인 이상 가구 월평균 도서 구입비는 2015년 1만

8,773원으로 감소했다는 통계청의 발표가 있었다. 한 달에 책 한 권도 안 사서 본다는 이야기인데 이마저도 매년 떨어지는 추세이다.

일반적으로 책을 읽는 사람은 한 달에 2~3권은 구입하여 밑줄을 긋고, 메모도 해가면서 읽는다. 그럼에도 불구하고 이렇게 낮은 통계치를 보인다는 사실은 결국 읽는 사람만 읽고, 나머지 사람들은 1년이 가도록 구입은커녕 책 한 권도 읽지 않는다는 것을 대변한다. 그런데 그 비율이 성인의 35%나 된다고 하니 얼마나 심각한 상황인가? 경기가 어려울 시기에 제일 먼저 줄이는 지출이 바로 도서구입비, 자기계발비라니 안타까운 현실이다. 지금이 분서갱유가 일어났던 중국 진시황의 진나라도 아니건만 우리나라에서 책은 이미 소수의 지식인들의 전유물이 되어버린 것 같다.

국제 통계청에서 책을 가장 많이 보는 나라로 미국을 지목했다. 미국은 월 7권 가량 구매한다는 발표가 있었는데, 자그마치 우리나라의 7배에 달하는 양이다. 미국의 도서관 분포도를 고려했을 때 실제 독서량은 훨씬 더 많을 것으로 예상해 볼 수 있다. 왜 이만큼의 차이를 보이는 것일까? 여러 가지 복합적인 이유들이 있겠지만, 내 생각에는 문화 콘텐츠를 접하는 디바이스 다양화에 있지 않을까 생각해본다.

미국은 영화 같은 인생을 살았던 IT 트렌드의 주인공이자 '애플'의 창업주인 스티브 잡스의 본진이다. 미국 샌프란시스코 맥 월드

2007에서 발표되었던 아이폰은 온 세상에 모바일 혁명을 가져왔다. 그것은 스마트폰의 시작이었고, 수많은 후발주자들이 스마트폰 사업에 뛰어들었고, 아직 10년이 채 되지 않았지만 전 세계 성인 인구의 약 60%가 사용하는 대중기기로 진화했다.

스마트폰은 기존에 존재했던 전화기, 카메라, 오디오, TV, 비디오 등 수많은 IT 기기의 기능을 포함한 단 하나의 IT기기로 자리 잡았다. 이제는 무거운 필름 카메라를 들고 찰칵! 외치면서 촬영버튼을 누르지 않아도 찰칵! 한마디에 사진이 찍히는 기술이 보편화되었다.

미래학자 앨빈 토플러는 농업혁명에 의한 제1의 물결, 산업혁명에 의한 제2의 물결, 그리고 1950년대 말부터 시작된 제3의 물결인 정보화 혁명으로 가고 있다고 예견하여 세계적인 명성을 얻었다. 하지만 그조차도 스마트 폰이 가져온 정보 대중화의 힘이 이렇게 단시간 내에 지구촌 곳곳에 시대를 넘나들며 퍼질 것이라고는 생각하지 못했을 것이다. 아마도 빠르면 30년 정도를 예상하지 않았을까 생각된다.

걸어 다니면서 뉴스구독, 메일 확인, 웹 서핑은 기본이고, 페이스북, 트위터, 인스타그램 등 소셜미디어에 아침부터 저녁까지 수시로 일상이 노출되며 전 세계로 끊임없이 공유되어 퍼져나가는 세상이다. 유튜브, 아프리카 TV, 팟 캐스트 등을 이용해서 1인 DJ, 1인 창작자로 억대 연봉을 벌고 있는 사람들이 속속들이 나타나고 있다.

본업보다 부업인 파워 블로거가 훨씬 고소득을 올리고 있는 사람들이 넘쳐난다.

우리나라에서 손꼽히는 작곡가이자 가수인 윤종신 씨는 모바일 앱 잡지인 〈월간 윤종신〉으로 180만 명의 구독자를 확보한 콘텐츠 제작자다. 그는 꾸준한 창작만이 취향 맞는 소비자를 불러 대형 미디어에 휘둘리지 않고 본인의 개성을 만들 수 있는 힘을 키울 수 있다고 말했다. 2~3년에 한 번, 열 곡짜리 앨범에 엄청난 돈을 들이는 것보다 한 달에 한 곡씩 꾸준히 발표하며 소셜미디어로 알리는 방법을 택한 것이다. 처음에는 이런 마케팅 방법이 비난을 많이 받았지만 시간이 흘러 콘텐츠가 누적되었고, 그 결과 뮤직비디오 제작 등에 들어가던 돈이 확연히 줄어들었으며 꾸준한 고정수입이 생겼기에 후배들을 지원할 수 있는 여유까지 생겼다.

글로벌 시대를 살아가는 사람으로서 소셜미디어를 적극적으로 활용하는 것은 기본이다. 시대가 달라지면서 콘텐츠가 소비되는 방식과 학습 방식이 달라졌기 때문이다. 시간과 공간의 제약이 없어진 모바일은 인터넷상에서 콘텐츠의 가감 없이 풍부하게 공유하고 판매할 수 있다. 예전처럼 TV 광고 2분에 몇 십억을 투자하는 시대는 지나갔다. 또한 실패에 대한 리스크 역시 축소되어서, 무한정 도전해도 금전적 손해를 보지 않는 온라인이라는 황금의 바다는 모든 사람들에게 공평하게 진입할 수 있다. 그야말로 1인 기업가로 살아갈 수 있는 최고의 시대가 다가왔다.

IT 직종에 종사하면서 전자책으로 출간된《천재교육 2014년도 중1 사회 검정 교과서》편찬 작업을 담당한 적이 있다. 약 8개월에 가까웠던 작업으로 엄청난 제작비용과 시간이 소요되었다. 수차례의 기획 변경이 동반되었고, 최종적으로 그해 시행되었던 13종의 전자교과서 사업 중 최고의 평가를 받았다.

완성된 'Epub3'는 사진, 문제풀이, 영상, 해설까지 몸이 불편한 소수의 학생들에게도 수업을 따라가는 데 전혀 무리가 없는 형태로 만들어졌으며, 현재 시점의 최고 기술이 전부 포함되었다. 현재는 점자책을 사용할 수밖에 없는 상황이기에 몸이 불편한 학생들이 개정되지 않는 교과서를 사용하는 등 불편함이 많지만 앞으로의 세상에서는 보통 학생들과 똑같이 매년 개정된 교과서를 사용할 수 있을 것이다. 그리고 이 전자교과서의 표준 뷰어가 전 세계의 쟁쟁한 제품들을 제치고 우리나라 제품으로 선정되었기에 자부심이 넘쳤다.

작업은 고되고 힘들었지만 전자책의 미래를 엿볼 수 있는 소중한 기회였다. 현재 미국에서는 이미 판매되지 않는 구형 아이패드들이 미국 전역의 학교에 배급되고 있다. 국가와 애플사의 협력 하에 이루어진 일인데, 앞으로 다가올 전자책 시장에 대비하기 위해 어린 아이들부터 자연스레 적응시키는 국가사업의 일환이다. 우리나라에서도 하루빨리 시행되었으면 하는 바람이다.

2016년에 나는 서른 살이 되고, 한 해 동안 내 이름으로 네 권의 책이 출간된다. 미래에 대한 비전과 꿈, 소망을 담은 버킷리스트, 오랜 유학생활의 경험을 바탕으로 해외로 떠나려는 사람들에게 길잡이가 되는 동기부여 유학서, IT 분야 베스트셀러로서 신입들에게 전하는 웹 접근성 교과서, 힘들었던 내 과거에 위로가 되었던 말의 힘을 알려주는 에세이를 낼 것이다.

전에는 책을 쓰고 싶다는 막연한 희망을 갖고 있었다면 지금은 몇 권을 더 쓰게 될지 기대감이 앞선다. 내가 오전에 쓴 책이 오후에 미국 아마존 이북 베스트셀러 1위에 오를 수 있고, 내가 즐기며 걸어가는 여행이 유튜브에서 실시간으로 전 세계에 방송된다. 내가 만드는 콘텐츠는 전 세계의 팬들로부터 신뢰를 받고 있으며, 무엇보다도 좁은 책상과 고성이 오가는 전화벨 소리가 없는 공간에서 나를 지지해주는 사람들과 소통하며 세상을 살아가는 날들이 머지않았음을 나는 확신한다. 이런 시대에 태어난 것을 감사한다.

5

착한 아이를 위한 메신저로 살아가기

"또 전기코드 안 뽑았어? 돈은 땅 파서 나와?", "너한테 들어간 돈은 이자 붙여서 갚아야 하는 거 알지?", "누나인데 동생한테 배려도 못해?"

기억 속의 수많은 시간 동안 지속적으로 아버지에게 귀에 못이 박히도록 들었던 말들이다. 집 밖에서는 흠 잡을 곳 없는 완벽한 가장이자, 단 하루도 빠지지 않고 새벽운동을 하는 철저한 자기관리를 하는 분이셨다. 하지만 집 안에서는 철저한 독재자로 존재했던 아버지 밑에서 나는 항상 자존감이 떨어지는 말을 들으며 자라왔다.

자수성가하신 아버지는 돈에 민감했고, 전기 코드 하나 꽂혀있거나, 천장 등불 하나 함부로 켜있는 모습을 참지 못했다. 이런 사소한 절약이 돈과 관계된다고 생각되시면 언성이 높아지셨고, 무엇보다 가족들이 아파서 병원에 가는 것조차 쓸데없는 돈 낭비로 치부됐다.

특히 어릴 적부터 사고가 많았던 나에게는 심하게 대하셨다. 우스갯소리로 "쟤한테 들어간 병원비만 합쳐도 그 시절에 빌딩을 지었을 거야!"라는 말조차 나에게는 상처로 다가왔다.

돈이라는 굴레에서 벗어날 수 없었던 학생시절, 돈을 버시는 아버지의 의견은 절대적인 정답이었고, 가족들의 의견은 그저 말대답에 불과했다. 전형적인 현대판 가부장 가정이었다.

그냥 내가 태어난 이유는 아버지께 저당 잡힌 빚쟁이, 그 이상도 그 이하도 아니었다. 언제든지 버려질 수 있는 하찮은 존재처럼 자존감은 끝없이 추락했다.

"ㅇㅇ야, 스무 살이 되면 날 좀 죽여줄래? 난 오래 살기 싫어."

중학교시절 하굣길에 친구에게 했던 말이다. 그날 친구 표정이 아직도 기억난다. 왜 그런 말을 하는지 이해할 수 없는 표정이었다. 지금 생각해보면 매일매일이 변함없이 반복되던 10대 시절에 스무 살은 영원히 오지 않을 머나먼 숫자로 느껴졌었던 것 같다.

나는 장래희망이 많았다. 과학자, 발명가, 교사, 사서, 프로그래머 등 다른 아이들이 그렇듯이 언젠가는 나도 멋진 어른으로 성장할 것이라는 꿈을 꾸었다. 적어도 1980년대에 태어났기에 반 전체가 "장래희망은 공무원입니다!"를 외치는 세대는 아니었다.

하지만 많았던 꿈은 번번이 아버지께 제재당했고, 하나둘씩 체념해갔다. 자잘한 꿈은 별로 중요한 문제가 아니었으며, 아버지께서 정해주시는 삶을 반항하지 않고 성실히 받아들이는 것이 장녀로 태어난 내 역할이었다. 오직 어른들이 시키는 대로만 잘하면서 절대로 엇나가지 않는 바른생활 어린이, 그게 바로 나였다.

하지만 그런 마음가짐과 사고방식이 결국에는 나 자신을 옭아매는 절망의 사슬이라는 생각은 한 번도 하지 못했다. 그냥 '다른 집들도 다 고충이 있겠지, 우리 집만 이렇지는 않을 거야. 언젠가는 풀릴 거야'라고만 생각했다. 가족을 다시 선택할 수도 없는데 시간만이 해결해 주는 문제라고 믿었다.

그렇지만 20대 중반이 되었을 때에도 아무것도 이뤄놓은 것이 없다는 현실은 심각한 우울증을 가져왔다. 주변에는 엄친딸, 엄친아만 존재하는 것 같이 매일 비교당하는 삶에서 다른 사람들은 전부 성공가도를 걷는 것만 같았다. 결국 마음속에 열등감이 깊게 자리잡았다.

이대로 살면 안 되겠다고 생각되어 심리 상담을 받게 되었다. 상담사는 스스로 가지고 있는 장점이 많은데 왜 단점만으로 괴로워하냐고 지적했다. 마음이 힘들 때는 절대로 당사자들만으로는 풀리지 않는다. 반드시 제3자 시각으로 문제를 진단해 주는 사람이 필요하다. 그 결과 아버지 역시 불행한 희생자였음을 알게 되었다.

그 후 붙잡고 있던 미련들을 하나둘씩 천천히 끊었다. 우선 머리에 들어오지도 않으며, 적성에도 안 맞는 데도 불구하고 억지로 하고 있던 공인중개사 시험을 집어치웠다. 그리고 비정규직으로 일하며 서울로 주말마다 학원을 다녔다. 1년 중 쉬는 날이 하루도 없어서 몸은 지쳐갔지만 매일이 발전하는 즐거운 나날들이었다.

포기하고 수긍하면서 생활할 때에는 그저 하염없는 기다림만이 답이었다. 하지만 나 자신이 변하기 시작하자 우주는 내편을 들어주었고, 아버지께서 변하기 시작하셨다. 작은 시작은 점차 큰 결과가 되었고, 가족 모두에게 진실된 평화를 가져왔다. 기나긴 악몽의 종지부를 찍은 것이다.

지금의 나는 어릴 적 가장 큰 소원이었던 '웃으면서 가족여행 하기', '웃으면서 피자 한 판 먹기'를 할 수 있는 삶을 살고 있다.

어느 날 아침, 남해에서 시작된 뉴스 속보가 전 세계 미디어를 도배했다.

2014년 4월 16일, "가만히 있으라!" 진도 앞바다에서 침몰하던 거대한 여객선에서 울렸던 말이다. 여객선 이름은 '세월호', 잊어서는 안 되는 악몽의 이름이다.

이 간단한 말이 사망자 295명 중 대부분에 달했던 '착한 아이들'

을 죽음으로 내몰았다. 어른들이 하는 말을 믿었고, 교육받은 대로, 시키는 대로 가만히 있었던 아이들은 결국 빠져나오지 못했다. 침몰하는 배에서 살아남은 아이들은 위기상황에 적극적이었던 소위 '나쁜 아이들'이었다.

대한민국을 비통에 잠기게 했던 사건을 지켜보면서 '만약 착한 아이로 자라온 내가 저 배 안에 있었다면 살려고 발버둥쳤을까?' 생각해봤다. 결론은 "아니오."였다. 나는 배 안에서 가만히 기다리고 있었을 것이다.

한국에서 착한 아이로 사는 것은 목숨을 내놓고 사는 일이 되어버렸다. 하지만 여전히 많은 청소년들이 착한 아이로 살고 있고, 또 그들이 성인이 되어 여전히 착한 아이인 채로 세상을 살아간다. 가족과 학교에 착한 아이였던 사람들은, 회사에 들어가 직장인이 되어도 착한 아이에서 벗어날 수가 없다. 그래서 나는 그들을 위한 메신저가 되기로 했다.

〈착한 아이 증후군 자가 테스트〉

1. 의사결정을 할 때 주로 다른 사람의 의견에 따른다.

2. 부탁을 제대로 못 들어주면 미안한 마음이 든다.

3. 모든 사람을 믿을 만하다고 여긴다.

4. 나쁜 기분을 겉으로 드러내지 않는다.

5. 쉽게 상처받는다.

6. 상대방이 화를 내면 대처를 못한다.

7. 눈치를 많이 본다.

8. 항상 손해 보는 느낌이 든다.

온라인에서 떠도는 위 테스트 중에 절반 이상이 해당된다면 '착한 아이 증후군'을 의심해 볼 수 있다. 거절이라는 행동이 어렵고, 본능적으로 불편한 상황을 피하게 되어버리면 점점 더 위기상황으로 다가가고 있는 것이다.

이기적인 사람이 되자. 세상을 살아가는 데에 항상 좋은 사람일 필요는 없다. 내가 원하지 않아도 나를 다른 사람들은 각자의 시선으로 판단한다. 하지만 그 사람의 판단이 내 전부는 아니다. 스스로에게 자신감을 가지고 주변의 부정적인 사람들보다 많은 긍정적인 사람들을 만나면 용기를 낼 수 있다.

5

책 쓰기가 진정한 배움이고
교육이다

_김동현

김동현

초등교사, 아이행복컨설턴트, 동기부여가, 자녀교육 작가

'아이들이 행복한 세상 만들기'를 꿈꾸는 서울 강남의 초등학교 교사이다. 아이들과 하루를 즐겁게
보내기 위해 항상 고민하며 놀이교육, 긍정교육을 실천하고 있다. 서울교육대학교 교육행정
석사학위를 받았으며, '교육은 부모와 교사가 함께 해야 한다'는 생각으로 부모의 가정 문제에 관한
개인저서를 집필 중이다.

- E-mail_ dhkmid@naver.com
- Blog_ http://blog.naver.com/dhkmid

1

가슴이 따르는 삶을 살기

"우물쭈물하다가 내 이럴 줄 알았지."

영국의 극작가 조지 버나드 쇼의 묘비명이다. 그동안 살아오면서 이 말을 너무나도 많이 들어왔다. 하지만 우물쭈물하는 내 모습은 쉽게 바뀌지 않았다. 십대, 이십대의 삶은 두려움과 고민의 연속이었다. 중학교 때까지 공부를 잘 한다는 소리를 들어왔고, 나도 그런 줄 알았다. 소위 공부를 잘 하는 학생들이 모인다는 고등학교에 들어갔다. 첫 시험 결과는 충격이었다. 우리 반 35명 중에 25등을 했다. 여태까지 이런 성적은 처음이었다.

'우리 반에서 내 뒤에 10명밖에 없는 건가?'

전교 등수는 알 수조차 없었다. 내가 다닌 고등학교는 집에서 멀리 떨어진 곳이었기 때문에 나는 기숙사 생활을 했다. 입학해서 처음엔 친구들과도 아직 서먹한 상태고, 성적까지 바닥이니 나는 너무나 혼란스러웠다. 그냥 집에 가고 싶었다. 혼자 이불 속에서 울기도 하고, 교실에서 책과 의자를 집어던지며 울기도 했다.

그때부터였는지 모른다. 나 혼자 생각하는 시간이 많아졌고 두려움도 많아졌다. 계속 오르지 않는 성적, 내 이름도 모르며 차별하는 선생님들 앞에서 나를 달래준 건 친구였다. '유유상종'이라고 할까. 우린 성적이 비슷한 친구들끼리 놀았다. 이 친구들도 나와 비슷한 고민들을 하고 있었다. 야자시간에 몰래 쪽지도 돌리고, 교실 뒤에 나가 공부하는 척하며 이야기를 많이 했다. 나는 그런 시간이 즐거웠다. 하지만 내 마음속 고민과 두려움은 쉽게 누그러들지 않았다. 성적이 오르지 않는 것에 대한 고민, 내가 가고 싶은 대학에 가지 못할 것 같은 두려움들이 내 마음을 압도했다. 지금에 와서 돌이켜보면 '고민할 시간에 공부를 했더라면 서울대 갔겠네' 하며 피식하고 웃지만, 그때는 그랬다. 수능 시험 때도 너무 떨려 왼손으로 오른손을 부여잡고 답을 쓰는, 나는 그런 아이였다.

간신히 지방교대에 입학했지만, 솔직히 말해 원하는 대학은 아니었다. 나는 주변 사람들에게 "의사 못하면 선생하지 뭐."라는 말을 입에 달고 살았다. 그 말이 실현되었다. 교대에 입학해서도 우물쭈물 고민만 하는 내 습관은 계속되었다. '대학을 그만 두고 다시 공부할까', '인터넷 홈쇼핑 사업을 해볼까', '음악을 작곡해볼까' 등의 미래에 대한 고민을 계속하였다. 이러한 불안한 마음을 달래주는 것은 독서였다. 평소 교과서나 문제집 외에 거의 보지 않았던 책을 부여잡고 읽기 시작했다. 주로 읽었던 책은 자기계발서였다. 이 책들은 내 고민을 들어주고, 마음속을 훤히 들여다보고 있는 것 같았다. 그리고 나에게 희망과 긍정이라는 것을 알려주었다.

동기부여가이자 베스트셀러 작가인 권동희는 《미친 꿈에 도전하라》에서 자기계발서를 읽으라고 말한다. 자기계발서는 자신을 채찍질해주고, 자극과 영감을 주며, 나를 추스르게 해준다는 것이다.

본격적으로 내 의식을 바꿔주기 시작한 책은 《시크릿》이었다. 지금까지도 이 책이 '터무니없다', '지나친 낙천주의다'라면서 비판하는 사람들도 있다. 나에게 《시크릿》은 긍정과 감사의 마음, 끌어당김에 대해 알려준 고마운 책이다. 이 책의 내용들을 더욱 믿게 된 계기가 있다. 한국어 번역판 《시크릿》을 읽으면서 '원서로 된 《시크릿》을 읽으면 영어공부도 함께 할 수 있어 좋겠다'는 생각을 했다. 신기하게도 며칠이 지나서 지인으로부터 원서로 된 《시크릿》을 선물 받았다. 그때부터 나는 이 책에서 말하는 대로 끌어당김의 법칙을 내 삶에 적용하기 시작했다. 사소한 것부터 원대한 꿈까지 상상했다. 사소한 꿈들은 이루어졌지만 큰 꿈들은 나에게 쉽게 다가오지 않고 실현되지 않았다. 나는 그럴 때마다 성공에 관한 자기계발서를 계속 읽었다.

대학교 시절 내내 미래에 대해서 고민해봤지만 명확한 꿈이라거나 가슴 뛰게 하고 싶은 일은 떠오르지 않았다. 다시 의대에 도전하는 것도, 홈쇼핑 사업을 해보는 것도, 음악 작곡을 해보는 것도 생각만으로 그치고 말았다. 나는 이렇게 우물쭈물 고민만 하다가 '교사가 되는 것도 나쁘지 않겠다'며 임용고시를 치렀다. 임용고시를 준비하면서도 자기계발서는 틈틈이 읽었다. 그중에 기억나는 책이 개그우먼 조혜련이 쓴 《조혜련의 미래일기》이다. 그 당시 조혜련은 일본 개그프로그램에 출연하면서 성공가도를 달리고 있었다. 그녀는 자신의 꿈을 이미 이루어진 것처럼 구체적인 날짜까지 적어가면서 미래 일기를 쓴다고 하였다.

나는 임용고시에 합격하는 것이 목표였기 때문에 이에 관하여 다음과 같이 미래 일기를 썼다.

"오늘이 초등임용고시 합격자 발표 날이다. 홈페이지에 들어가 결과를 확인해보니, 서울에서 당당히 합격하였고 등수는 50등이다. 3월에 바로 발령이 날 것이다."

시험을 보기 전에 이처럼 미래 일기를 쓰고 시험을 보았다. 임용고시 합격자 발표가 났을 때, 나는 소름이 끼쳤다. 정말 50등 대로 합격한 것이다. 이를 시작으로 지금도 가끔 내가 바라는 것들을 이미 이룬 것처럼 감사하는 미래 일기를 썼다. 하지만 마음속에는 뭔가 허전한 것이 있었다. 내가 바라는 꿈들이 정말 나를 위한 것인지, 내가 진심으로 바라는 것인지 고민이 되었다. 2014년 12월 31일, 이십대의 마지막 날에 내가 쓴 미래 일기 주제는 다음과 같았다.

- 서울교대 석사과정을 졸업하고, 서울대 박사과정 입학하기
- 교육 관련 책 써서 베스트셀러 작가 되기
- 교육 강연가가 되어 강연하러 다니기
- 뉴에이지 음악을 작곡하고 연주하는 음악가 되기
- 3개 국어에 능통하여 자유롭게 해외여행 다니기

위의 꿈들은 뭔가 일관성이 없었다. 욕심만 크고, 장황하기만 했다. 스펙을 위해서 박사과정과 외국어 공부를 꿈꿨다. 간절함 없이 음악을 좋아한다는 이유로 음악가도 되고 싶었다. 자기계발서를 읽기 시작한 지 십 년이 다 되도록 우물쭈물하고 있었다. 명확한 꿈을 꾸면서 행동하지는 않았다.

그러다 올해 지인의 아는 분이 책을 써서 출판했다는 말을 들었다. 나는 인터넷으로 그 책을 구매해서 읽어보았다. 그 책 속에 〈한국책쓰기·성공학 코칭협회〉와 김태광 작가의 소개가 있었다. 나는

뭔가에 이끌리듯이 그 책을 읽은 날 바로 서점으로 가서 《천재작가 김태광》이라는 책을 사서 읽었다. 현재 나는 '책 쓰기'를 배우면서 공동저서를 집필하고, 개인저서까지 함께 준비하고 있다.

김태광 작가는 '책 쓰기'를 목표로 지금의 성공에 이르렀다. 마찬가지로 축구선수 박지성은 11살 때부터 국가대표라는 꿈 하나로 달려와 최고가 되었다. 가수 도끼는 12살 때부터 힙합이라는 장르에서 1인자의 꿈을 꾸고 이루었다. 이들의 공통점은 간절한 한 가지의 꿈을 향해서 10년이 넘게 달려왔고, 자신의 일을 사랑하고 즐긴다는 것이다.

'책 쓰기'를 배우고 책을 쓰고 있는 나는 가슴이 뛴다. 막연했던 작가라는 꿈이 간절한 목표가 되었다. 가슴 뛰는 일을 찾기까지 10년이라는 시간이 흘렀다. 이 원고를 쓰고 있는 오늘이 딱 서른 살이 되는 내 생일이다. 이제는 무엇보다도 시간이 너무 소중하다. 그렇다고 해서 조급해하지는 않을 것이다. 가슴이 따르는 대로 행동하고 시작했기 때문에 두렵지 않다. 후회도 없다. 내가 생각하는 '가슴을 따르는 것'이란 어떤 일을 할 때 설레고, 행복하며 즐거운 것이다.

1인 창업가로 성공하고 베스트셀러 작가가 된 이선영 작가는 《1인 창업이 '답'이다》에서 가슴속에 꿈틀대는 꿈이 무엇인가 독자들에게 묻는다. 그녀는 "지금 행복하지 않다면 지금하고 있는 일이 내게 맞지 않다는 것이다. 하루의 대부분을 차지하는 일에서 즐거움을 느껴야 한다."고 말한다.

가슴을 따라 꿈을 꾸고 행동하면 머릿속 고민이 사라진다는 것을 알게 되었다. 그리고 성공한 미래의 내 모습이 떠오르면서 설렌다. 행복의 기운이 나를 감싸고 스스로를 사랑하게 된다. 내가 선택한 길을 가는 데 시련이 있거나, 주변에서 손가락질을 하더라도 가슴속에서 간절히 원하기 때문에 두렵지 않다.

지금 내 가슴을 뛰게 하는 것은 '책 쓰기'이다. 나아가 책을 계속 쓰면서 강연을 하고, 많은 사람들에게 영향을 주는 메신저가 되는 꿈을 이루기 위해 달려갈 것이다.

2

학생들과 함께 책 쓰는
베스트셀러 작가 되기

"애들아, 오늘은 각자의 꿈 명함을 만들어 미래 동창회를 열어보자."

나는 미술 시간에 '꿈'을 주제로 수업을 한 적이 있다. 학생들이 이루고 싶은 꿈을 생각해보고, 자신의 꿈을 명함으로 예쁘게 꾸민다. 그다음 20년 후를 가장하여 미래 동창회를 여는 것이다.

"이제 여러분들은 20년 후로, 서른두 살이 되었어요. 오늘은 여러분들이 다녔던 이 학교에서 동창회가 있는 날입니다. 20년 만에 만난 친구들과 반갑게 인사를 하면서 명함을 주고받아 봅시다."

학생들은 너무 즐겁게 미래 동창회에 참가하였다. 세계적인 파티쉐도 있고, 의사, 변호사 뿐 아니라 축구선수, 동화작가도 있었다. 학생들은 서로 악수를 하면서 행복하게 웃으며 명함을 주고받았다. 학생들은 미래에 하고 싶은 일들이 각자 달랐다. 하지만 그중에는 "선생님, 저는 꿈이 없어요."라며 안타깝게 말하는 학생도 있었다. 또는 명함 위에 자신의 직업을 '회사원', '공무원'이라고 쓴 학생도 있었다.

초등학교 시절에 나는 꿈이 수시로 바뀌었다. 하루는 과학자가 되고 싶었다가 하루는 판사가 되고 싶고, 경찰, 의사 등 되고 싶은 것이 매번 달랐다. 나뿐만 아니라 내 친구들도 대통령부터 시작해서 운동선수까지 다양한 꿈을 갖고 있었다. 내 기억으로 꿈이 없거나 회사원, 공무원이 꿈인 친구는 없었다.

지금 학생들은 팍팍해진 사회 속에서 현실적인 꿈을 선택하거나 아예 꿈이 없어져버린 것 같다. 학부모 상담을 해보면, 아이들이 학원에 다니고 숙제를 하느라 책 볼 시간이 없다고 말씀하신다. 이런 말을 들을 때마다 안타깝다. 학생들과 학부모들은 꿈보다도 당장의 성적, 대학 입시, 취업을 초등학교 때부터 준비하고 있다. 나는 문득 이 학생들과 함께 책을 써보고 싶다는 생각이 들었다.

책 한 권을 쓴다는 것은 지금까지 읽은 책, 나의 지식, 경험과 스토리들을 한 곳에 담아내는 작업이다. 나는 지금 개인 저서를 집필 중이다. 자녀교육서를 집필하고 있는데, 이를 위해서 육아 분야의 참고 도서를 50권 이상 읽으며 분석하고 있다. 이러한 작업은 책 쓰기에 도움을 줄 뿐만 아니라, 교육에 대해서 깊이 있게 생각하며 공부하는 데 도움을 주고 있다. 보통 작가들은 책을 한 권 쓰기 위해서 수십, 수백 권의 책을 읽으며 분석한다. 바로 이 과정이 최고의 자기계발인 것이다.

책 쓰기의 명장 김태광의 《마흔, 당신의 책을 써라》에서 "알기 때문에 책을 쓰는 것이 아니라 좀 더 알고 배우기 위해서 책을 쓴다."고 말한다. 책을 쓰는 사람들은 자기가 쓰고 싶은 주제를 공부하고, 자료도 찾으며 쓸 감을 찾기 위해 매달린다는 것이다. 즉, 책을 쓰는 과정은 무엇보다도 가장 잘 배우는 과정이라 할 수 있다.

나는 이 진정한 배움의 과정을 학생들의 교육에도 적용해보고 싶다. 꿈이 없는 학생들, 문제집 푸는 공부가 전부인 줄 아는 학생들에게 책 쓰기로 진짜 공부를 알려주는 것이다. 아직까지는 학생들, 특히 초등학생이 책을 출간하는 것이 흔한 일은 아니다. 학생들이 책을 쓰는 게 당연한 일처럼 만들고 싶다. 그래서 학생들에게 최고의 공부를 경험하도록 하고, 진정한 꿈과 희망을 갖도록 돕는 교사가 되고 싶다.

예를 들어 역사를 좋아하는 학생들이 모이면 재미있는 역사 이야기에 대한 책을 쓸 수 있다. 동화 작가가 꿈인 학생들과 함께 동화를 쓸 수도 있다. 그리고 학생들 시각에서 본 친구관계, 왕따 문제, 학교폭력 문제와 고민상담 등을 담은 책을 쓰는 것도 좋을 것이다. 이런 책들을 학생들과 공동저자로 출간하여 학생들에게 '초등학생 작가'라는 최고의 경험을 선사하고 싶다.

초등학교 진로교육의 주요 키워드는 '탐색'이다. 다양한 직업을 탐색해보고, 간접 또는 직접 직업을 경험해보는 게 중요하다. 요즘에는 가상 진로 체험이 유행이다. 성남의 '잡월드', 잠실의 '키자니아' 등에서 다양한 직업들을 체험할 수 있다. 이렇게 직업체험을 한데 모아놓은 곳도 있지만, 한 가지 주제나 테마를 가지고 운영하는 곳들도 있다. 곤충체험관에서 곤충학자의 꿈을 가져볼 수도 있고, 학교에서 신청하면 판사를 만나서 법원에 대해 체험할 수도 있다. '진로'가 우리나라 교육의 화두가 되면서 정말 다양한 진로교육 프로그램이 학교와 사회에서 운영되고 있다. 하지만 아직까지 작가가 되고 싶은 학생들을 위한 진로교육은 찾아보기 어렵다. 만약, 자녀가 글을 쓰는 작가가 되고 싶다면 부모들은 어떤 말을 할까?

"공부를 잘하면 작가가 될 수 있어."
"작가가 되려면 국어 공부를 열심히 해야 돼."
"책을 많이 읽어."

위와 같이 말하는 부모들이 많다. 그러나 작가가 되고 싶어 하는 학생은 무엇보다도 책을 써봐야 한다고 생각한다. 작가의 꿈을 가진 학생이 초등학교 때부터 책을 써보고, 적성에 맞아서 계속 책을 쓰기 시작한다면 작가로서의 성공은 자연스레 다가올 것이다.

지금 우리나라를 비롯하여 전 세계적으로 젊은 작가들이 실종되었다고 한다. 특히 문학 쪽에서 젊은 작가를 찾아보기란 쉽지 않다. 중국에서 인기를 누리는 두 명의 젊은 남자 '장하오천'과 '양양'이라는 작가가 있다. 이들은 10~20대들에게 엄청난 사랑을 받고 있다. 두 작가는 젊은이들의 감성을 이끌어내고 공감과 재미까지 더한 《지금 이대로 괜찮은 당신》이라는 에세이 책을 써서 인기를 얻었다. 이런 젊은 작가들이 우리나라에도 많이 생겨나서 친구들과 어른들에게 그들만의 세계와 생각을 담아서 보여주면 좋겠다.

얼마 전 잔혹동시 〈학원 가기 싫은 날〉로 본의 아니게 유명세를 탄 초등학생이 있다. 시의 내용이 정말 잔혹하기는 했다. 한 텔레비전 프로그램에서 이 초등학생의 실제 생활 모습이 방영된 적이 있다. 시 안에서는 엄마를 잔인하게 해하는 식으로 표현했지만 두 모녀는 사이가 정말 좋아보였다. 이 학생은 다른 친구들에 비해 학원도 거의 다니지 않고 있었다. 무엇보다도 그녀는 진심으로 행복한 표정으로 하루하루를 살고 있었고, 시를 쓰는 게 일상이자 전부인 그런 아이였다. 이 학생 말로는 "정말 학원 가기 싫은 날이 하루 있어서 그 기분을 시로 쓴 것."일 뿐이라고 한다. 비유라는 낱말은 쓰지 않았지만 아마도 자신의 시를 문학적인 비유 중 하나로 봐 달라고 하는 것 같았다. 하지만 인터넷에서 이 학생과 부모를 욕하면서 논란이 커지자 결국 시집을 폐간하였다. 내 바람은 이 학생이 포기하지 말고 계속 시를 썼으면 한다. 시인 작가 한 명을 잃을 것 같아 안타까웠다.

학교에서 지내다 보면 학생들은 정말 풍부한 생각을 가지고 있다는 걸 느낀다. 호기심도 정말 많고, 기발한 생각도 해낸다. 그런데 우리 교육은 이러한 잠재력을 끌어내지 못하고 있다. 다행인 점은 요즘 국어, 수학 이런 교과목 외에도 연극, 국악, 소프트웨어, 스포츠 교육들이 초등학교 안으로 들어오고 있다. 앞으로는 교과목이라는 것이 없어지고, 이렇게 다양한 프로그램들로 바뀌는 날이 올 것이다. 이 가운데 책 쓰기도 포함될 것이다. 책을 쓰는 것이야말로 진정한 배움이고 교육이기 때문이다.

《20대, 발칙한 라이프 쫄지 말고 당당하게》를 쓴 구본형 소장은 "책을 쓰고 있으면 책에 쓰인 대로 내가 가고 있다. 그리고 책이 나오면 그렇게 이루어져 있다."라고 말했다.

학생들도 책 쓰기를 통해서 제대로 된 공부를 하고, 자신의 길을 스스로 개척하도록 도와야 한다. 문제를 풀고, 암기하는 것은 진짜 공부가 아니다. 이젠 지식을 배우는 것도 컴퓨터 한 대로 키보드를 두드리기만 하면 된다. 앞으로 학교 교육은 정말 많이 바뀔 것이다.

그리고 일반인부터 시작해서 학생들까지 1인 1책 쓰기 시대가 올 것이다. 나는 학생들과 함께 책을 써서 그들에게 최고의 자기계발을 하도록 돕는 교사가 되고 싶다.

3

사람들에게 공감을 주는 동기부여 강연가 되기

"어머님, 아이 키우면서 일하는 게 힘드시죠? 이 땅의 어머님들을 위해 노래 한 곡! 엄마, 힘내세요!"

요즘 이런 장면을 종종 상상한다. 학부모들의 공감을 얻는 강연가, 힘과 지혜를 주는 강연가가 되는 꿈이다. 교사는 박람강기(博覽強記)한 사람이 되어야 한다고 들었다. 이 사자성어는 "동서고금의 책들을 널리 읽고, 그 내용을 잘 기억하고 있어야 한다."라는 뜻이다. 예를 들어 일반 교사는 명성황후에 대해서 수업을 할 때, 교과서에 나온 대로 "명성황후는 일본 자객들에게 시해당하고 고종황제는 러시아 공관으로 피신 가셨습니다."라고만 가르친다. 반면, 박람강기한 교사는 명성황후가 왜 시해되었는지에 대한 시대적·정치적 배경, 시해당한 곳으로 추정되는 건청궁에 대한 이야기 등을 함께 녹여내어 풍부하고 재미있는 수업을 만든다. 누군가에게 한 가지를 가르치기 위해서는 그것의 10배 이상을 알고 있어야 한다고 말한다. 수업도 그렇고, 강연도 그렇고 철저한 준비가 되어있어야 한다는 말이다.

나는 매일 25명 아이들 앞에서 수업을 한다. 한 시간 수업을 준비하려면 한 시간은 족히 걸린다. 준비할 때 가장 신경 쓰는 것은 '동기유발'이다. 수업을 시작하고 처음 5분 동안 아이들의 동기를 유발시키지 못하면 아이들은 수업에 잘 따라오지 않는다. 아이들의 공감을 얻어내고 재미있는 수업을 하는 게 쉽지만은 않다. 일이 바쁘다는 핑계로 수업준비를 하지 않고 국어 수업을 한 적이 있다. 교과서를 펴게 하고, 교과서에 나온 글을 학생들이 돌아가면서 읽었다. 그리고 그 글 뒤에 나온 질문들에 답을 써보게 한 뒤, 적은 답들을 발표하였다. 한 시간 동안 교사인 나조차도 지루한 수업이었다. 그러다가 문득 대학원 때 교수님께서 하셨던 질문이 떠올랐다.

"축구선수 박지성이 수학을 정말 싫어하는 학생이라고 생각해봅시다. 어떻게 하면 이 박지성 선수가 수학 시간에 수업을 듣게 할 수 있을까요?"

처음엔 '무슨 이런 황당한 질문을 하시지?'라고 생각했다. 다양한 추측들이 나오기 시작했다. "지성이에게 수학을 공부시킬 필요가 없다.", "재미있는 동영상으로 동기유발을 한다.", "축구를 하면서 수학을 공부하게 한다." 등 다양한 생각을 내놓았지만 교수님은 만족해하지 않으셨다. 이렇게 한 시간을 토론한 뒤 교수님께서 생각하시는 답을 말씀하셨다.

"박지성에게 수학을 가르치려면, '지성아 이거 정말 재밌어. 한번 선생님이랑 해볼까?'하면서 선생님이 먼저 즐겁게 열정을 보이면서 가르치는 겁니다."

처음엔 교수님의 답이 허무하게 느껴졌다. 하지만 생각하면 생각할수록 맞는 말이었다. 교사가 즐겁다고 생각하고 수업에 몰입해 열정을 다하면, 학생들도 똑같이 따라온다. 반대로 교사가 수업 시간에 지루하다고 느끼면, 학생들도 지루하다고 느낀다. 나는 준비를 하지 않고 국어 수업을 했을 때 학생들의 표정을 아직까지도 잊지 못한다. 지겨워하는 표정, 졸린 표정, 멍한 표정들이 대부분이었다. 즐겁거나 행복해하는 표정을 하는 아이는 거의 없었다. 부끄러운 마음이 들어 그 이후로는 '다만 몇 십 분이라도 수업 준비는 꼭 하겠다'고 다짐했다.

요즘 아이들은 다양하고 화려한 매체들 속에서 살고 있다. 이들에게 단순한 그림이나 사진, 글 등을 보여주면 좀처럼 관심을 갖지 않는다. 그리고 재미없는 수업에는 방어적인 태도를 보인다. 이런 아이들의 공감을 얻기 위해서는 매일같이 수업 연구를 해야 한다. 나는 '개그콘서트' 같은 동영상에서 아이디어를 얻기도 하고, 놀이나 게임 등으로 동기를 유발시키기도 한다.

강연도 마찬가지이다. 청중들의 공감을 얻는 강연이 성공적인 강연이다. 하지만 모든 청중의 마음을 열기란 쉽지 않다. 그리고 강연에서도 동기 유발이 없으면, 아무리 좋은 내용을 전달하더라도 청중들은 머릿속에 담아가지 않을 것이다. 강연에서는 유머도 필요하고 감동도 필요하다. 그중에서 무엇보다도 공감이 중요하다.

스타강연가 김미경의 책 《아트 스피치》에서는 청중에게 공감을 얻기 위해서 최초 10분이 중요하다고 말한다. 처음이 불안하면 청중들은 강연 내내 등을 돌려버린다. 즉, 처음 동기유발을 통해 청중을 내 편으로 만들고 교감을 해나가야 한다. 그녀는 강연가 혼자서 자기 말만 하는 사람은 가장 어리석은 사람이라고 말한다.

즉, 강연가에게 가장 중요한 능력은 공감으로 소통하는 능력이라 할 수 있다. 얼마 전 우리 학교에 '쏭내관의 궁궐이야기'로 유명한 송용진 강사가 와서 강연을 하였다. 주제는 '우리나라의 4대 궁궐'이었다. 처음에는 궁 이야기를 한다고 해서 정말 지루하고 졸린 역사 강연이라고 생각하였다. 하지만 그의 강연은 예상과 전혀 달랐다. 두 시간이 넘는 시간이었지만, 즐겁게 웃으며 조선시대의 다양한 궁궐에 대해 배웠고, 그 속에 감동까지 있었다. 그의 강연이 재미있고 최고라는 평가를 받는 이유는 무엇일까?

그는 강연을 할 때 조선시대 내시복을 입고 무대에 선다. 자신의 이름도 '쏭내관'이라고 붙였다. 내시 복장을 한 이유는 자신을 낮추기 위함이라고 한다. 그리고 내시가 청중들을 모시고 궁궐 투어를 하듯이 강연하기 위해서라고 하였다. 이에 더하여 그는 유학 경험과 개인 스토리, 조선시대 궁궐에서 벌어졌던 야사 등을 적절히 섞어가면서 청중들의 호기심과 흥미를 이끌어낸다.

나는 개인 저서가 출간 되면 초등학교 자녀를 둔 엄마들을 대상으로 강연을 할 계획이다. 육아와 일에 지쳐있는 엄마들의 공감을 이끌어내는 다양한 방법들을 연구하여 공감을 주는 강연을 하는 것이다. 엄마들이 좋아하는 드라마나 영화, 음악 그리고 나의 스토리와 아이들 스토리 등을 적절히 배치하여 재미있고 감동까지 있는 강연을 멋지게 만들어보고 싶다. 지식만 전달하는 강연, 수업은 이제 매력과 가치가 없는 것으로 평가되고 있다. 청중들에게 감동과 재미와 동시에 배울 수 있는 강연을 하고자 한다.

앞으로 나는 자녀교육, 공부법, 관계, 대화 등에 관한 주제들로 책을 계속 써서 강연 대상을 교사와 일반인들까지 확장할 것이다. 교사들의 연수 장소인 서울교육연수원이나 교육청, 타 학교 등에 가서 강연 하는 내 모습을 꿈꾼다. 나아가 일반 사람들에게도 희망을 주고 선한 영향력을 끼치는 강연가가 되는 모습까지 상상해본다.

강연은 주로 무대 위에서 하고 싶다. 무대 위에 설 때마다 두근두근 긴장도 되지만, 나에게 오는 시선들과 짜릿한 느낌들이 너무 좋다. 나는 무대 위에 올라가 본 경험이 많다. 초등학교 2학년 때에는 세종문화회관 무대에서 피아노를 쳐봤고, 대학교 때에는 그룹사운드 동아리에 들어가 무대 위에서 노래도 불러보았다. 그리고 지금은 매일 교실이라는 무대에서 아이들에게 수업을 하고 있다.

하지만 아직 대중들 앞에서 강연을 해 본 적은 없다. 강연을 하는 느낌은 어떨지 궁금하다. 앞으로 강연가가 되어 전국의 어머님들과 만나며 소통하고, 아이들과 만나며 공감하는 강연가가 되고 싶다. 모교에 가서 내 이야기를 들려주고, 〈세상을 바꾸는 시간, 15분〉이나 〈김제동의 톡투유〉와 같은 TV 프로그램에서 강연하는 우리나라 대표 강연가가 될 것이다!

4

꿈을 가진 긍정적인 여자와 행복한 가정 꾸리기

우리나라 젊은 세대를 지칭하는 말이 계속 생겨나고 있다. 안타깝게도 점점 좋지 않은 방향으로 바뀐다. 요즘 젊은 세대를 '7포 세대'라고 부른다. 연애, 결혼, 출산, 내 집 마련, 인간관계, 꿈, 희망까지 모두 포기한 세대라는 뜻이다. 누군가는 우스갯소리로 7포 세대라 말할 수 있겠지만 듣는 사람 입장에서 보면 씁쓸하다. 나는 이 7가지를 모두 포기하고 싶지 않고 내 배우자가 될 사람도 이것들을 포기하지 않은 사람이었으면 좋겠다. 누군가는 "결혼해서 가정을 꾸리는 게 무슨 버킷리스트냐?"고 말할 수도 있다. 하지만 나에게는 무엇보다도 가장 중요하고 소중한 꿈이다. 사랑하는 사람을 만나서 행복한 가정을 꾸리며 산다는 것이 평범해 보일 수 있지만 주변에는 그렇지 않은 경우도 있다.

얼마 전 지인이 파혼했다는 말을 들었다. 행복하게 결혼 준비를 하고 상견례까지 마친 상태였는데, 혼수와 신혼집 마련 등의 현실적인 문제로 결국, 일주일 전에 없었던 일로 했다는 것이다. 나는 이 말을 듣고 너무 안타까웠다. '우리나라에서 결혼은 현실이라는 말이 맞는 것일까? 그래도 서로가 진심으로 사랑했다면 결혼하지 않았을까?'라는 생각이 들었다. 요즘에는 마지못해 사는 부부도 있고, 황혼 이혼을 하는 부부도 많은 것 같다. 이런 이야기들을 들을 때마다 나는 정말 사랑하는 사람과 평생을 함께 행복하게 살고 싶은 마음이 든다. 우리가 태어난 이유가 행복하게 살다 가는 것이라면, 가장 필요한 요소는 '사랑' 아닐까?

많은 사람들이 사랑하는 사람과 가정을 꾸리고, 자녀를 키우는 행복한 삶을 꿈꾼다. 가정을 꾸리기 위해서는 결혼을 해야 하고, 결혼을 하려면 돈과 집이 필요하다. 직장생활을 하는 사람들은 월급을 아무리 모아도 집 한 채 마련하는 것이 쉽지 않다. "10년 동안 숨만 쉬고 월급을 모아야 아파트 전세금을 간신히 마련할 수 있다."는 소리가 나올 정도이다. 특히 우리나라는 자식들이 결혼할 때, 부모가 집을 마련해 주어야 한다는 게 당연한 것처럼 되어버렸다. 물론, 결혼을 하기 위해서는 어느 정도 경제적 상황이 필요하겠지만 우선순위가 되어서는 안 된다.

나도 얼마 전까지 결혼 생각을 하며 여러 가지를 따졌다. 배우자의 얼굴, 성격, 직업에 대한 조건들을 떠올렸다. 이런 조건들을 모두 갖춘 여자는 이 세상에 없을 것이다. 서른이 된 지금, 나는 이런 외적인 조건들보다 다음 세 가지를 지닌 여자와 평생 행복하게 사랑하며 사는 꿈을 꾸고 있다.

첫째, 꿈과 열정을 가지고 자기계발을 하는 사람을 만나고 싶다. 꿈이 없는 사람에게는 미래가 없다. 현실에 안주하면서 불만이 가득하며 스스로 변하려 하지 않는다. 특히 꿈이 없는 사람은 지금의 문제를 환경과 주변 탓으로 돌리는 경우가 많다. 반면, 꿈이 있는 사람은 자신의 생각으로부터 현재가 이루어졌다는 것을 알고, 열정을 가지고 있으며 이들은 눈빛부터 다르다. 또한, 꿈을 이루기 위해 최선을 다하기 때문에 근면하고 성실하다.

그리고 내 배우자는 나와 비슷한 꿈을 가지고 있었으면 더욱 좋겠다. 서로가 때론 흔들려도 든든하게 힘이 되어주고 지지해주며 함께 목표를 향해 같이 달려갈 수 있기 때문이다. 나와 함께 책을 쓰면서 우리나라 아이들이 행복한 세상을 만들기 위해 선한 영향력을 펼치고, 자녀 관계를 어려워하는 부모들을 코칭하면서 함께 살아가는 꿈을 꾸어본다.

둘째, 긍정적으로 생각하며 밝게 잘 웃는 사람을 만나고 싶다. 긍정의 힘은 언제나 위대하다. 하는 말마다 부정적인 사람이 있다. 나도 예전에는 부정적이고 투덜대는 성격이었다. 스무살 때부터 자기계발서와 각종 성공학 책들을 읽으면서 긍정적으로 변하겠다고 다짐하며 실천해 왔다. 성공한 사람들은 자신에게 일어난 일들을 대부분 긍정적으로 받아들인다. 수많은 성공자와 실패자를 연구하여 성공한 나폴레온 힐, 김밥 파는 CEO로 유명한 김승호 대표, 세계 최대 온라인 기업 알리바바 대표인 마윈 등 성공한 사람들은 긍정적으로 살아왔다고 말한다.

"검은 먹을 가까이 하면 검어진다."는 뜻의 '근묵자흑'이라는 사자성어가 있다. 사람들은 서로에게 영향을 미치고 닮아간다. 좋은 말과 긍정적인 분위기 속의 사람들은 긍정적으로 변해가는 반면, 부정적인 말이 가득한 곳은 부정적인 분위기로 변한다. 이를 눈으로 확인해 볼 수 있는 간단한 실험도 있다.

예전에 학교에서 아이들과 함께 직접 해봤다. 먼저, 두 개의 물컵에 물을 담아서 그 위에 양파를 각각 올려놓고, 햇빛이 잘 드는 곳에 같이 둔다. 그리고 한쪽 양파에는 매일 "사랑해.", "기쁘다.", "행복해." 등의 긍정적인 말을 해주고, 옆의 다른 양파에게는 "싫어.", "불행해.", "나쁘다." 등의 부정적인 말을 해주는 것이다. 그러면 정말 신기하게도 긍정의 말을 매일 들은 양파가 훨씬 많이 자란다. 긍정적인 말은 말 못하는 식물에게도 영향을 미치는 것이다.

또한, 긍정적인 태도는 독서에서도 나타난다. 긍정적인 사람들은 어떤 책이라도 배울 것이 있고 읽을 가치가 있다고 생각한다. 반면에 부정적인 사람들은 책을 편식하듯이 읽는다. 나는 여자를 만나면 책을 좋아하는지, 주로 무슨 책을 읽는지 묻는다. 그중에는 소설책만 좋아하고 자기계발서를 읽지 않는 사람도 있다. 10년 동안 자기계발서를 읽어온 나로서는 이런 사람들의 말을 공감하기가 참 어렵다. 나는 자기계발서를 통해 동기부여를 받으며, 때론 배우고 실천하면서 스스로를 계발시킨다.

물론 나도 자기계발서 뿐만 아니라 소설책도 좋아하고, 인문이나 역사책도 읽는다. 책을 편식하는 사람들 마음 한쪽에는 부정적인 태도가 자리 잡고 있다는 생각이 들어서 무슨 책이든 열린 마음으로 받아들일 수 있는 긍정적인 사람이 좋다. 함께 책을 읽고 긍정적인 대화를 하면서 웃을 수 있는 그런 여자를 만나고 싶다.

셋째, 배려와 존중이 몸에 배어있는 사람을 만나고 싶다. 배려와 존중은 내 삶의 신념 중 하나이다. 상대방을 위할 줄 알고, 내가 먼저 남을 존중해야 한다는 생각을 가지고 있다. 인간은 누구나 특별하고 소중한 존재라고 생각한다. 대학교 때 존경하던 교수님이 한 분 있었다. 어느 날 수업 중에 그 교수님이 갑자기 문을 여시더니, 청소하는 아주머니에게 교실 청소 상태가 불량하다며 우리들 앞에서 소리치셨다. 교수님은 아주머니를 무시하고 존중하지 않는 말투로 말씀하셨다. 정중히 이야기하거나, 수업이 끝나고 조용히 말했을 수도 있었을 것이다. 나는 그 후로 교수님을 존경했던 마음이 사라졌다.

우리나라 사람들은 직업이나 지위를 가지고 사람을 구분 짓는 경우가 많다. 식당이나 가게 종업원들에게 막 대하는 사람도 있다. 소위 '갑질'하는 사람들이 많아지고 있는 현실이다. 하지만 아직까지는 상대를 배려하고 존중하는 사람도 많다. 장애인들을 먼저 배려하고, 버스에서 노약자석을 양보하는 등의 아름다운 모습을 종종 목격한다. 나는 이렇게 남을 배려할 줄 알고, 상대방을 존중하는 마음을 지닌 여자와 결혼하고 싶다.

"남을 바꾸기 전에 내가 먼저 변해야 한다."는 말이 있다. 꿈과 열정이 있고 긍정적이며, 남을 배려하고 존중하는 사람을 만나기 위해서는 내가 먼저 이런 사람이 되어야 한다. 나는 책을 쓰면서 내 꿈과 목표를 구체화하고 있다. 내 꿈은 우리나라 아이들이 더욱 행복한 세상을 만드는 데 영향력을 미치는 것이다. 이를 위해 엄마와 자녀 관계를 위한 책을 쓰고 강연을 하고 싶다. 이 꿈을 이루기 위해 지금 열정을 다해 살기 시작하였다.

또한, 긍정적인 사람이 되기 위해 다양한 책을 읽고, 모든 순간을 긍정적으로 의식하고 받아들이려 노력하고 있다. 모든 것은 내가 생각하기에 달렸다는 마음을 가지고, 힘든 일이 있어도 그 속에서 긍정적인 의미를 찾으려 한다. 간혹 부정적인 생각이 들거나 두려움과 걱정이 생겨도 스스로 '괜찮다'라면서 미래에 꿈을 이룬 내 모습을 상상한다. 그러면 긍정적인 마음이 다시 피어오른다. 그리고 항상 자만하지 말고, 남을 무시하지 않으며 누구나 존중받아야 할 권리가 있다는 생각을 가지려 노력한다. 특히, 교사로서 모든 아이들이 존중받아야 할 권리가 있다는 마음가짐을 하며 아이들 앞에 선다.

이렇게 노력하면 머지않아 나와 비슷한 꿈을 가진 긍정적이고 배려심 있는 여자가 내 눈앞에 나타난다고 확신한다. 그 사람을 놓치지 않고 미래를 함께 꿈꾸며 행복하게 살고 싶다. 독일의 문호 괴테는 "결혼만큼 본질적으로 자기 자신의 행복이 걸려 있는 것은 없다. 결혼생활은 참다운 뜻에서 연애의 시작이다."라고 말했다. 결혼은 결국 내 행복과 직결되어 있다. 결혼은 내 행복을 찾아가는 과정이면서 동시에 행복의 또 다른 시작이다.

5

아이들의 꿈과 행복을 짓는 행복한 학교 세우기

요즘 일반적인 공립학교에서 벗어나고자 하는 학교들이 늘어나고 있다. 경기도 양평에 '조현초등학교'라는 곳이 있다. 이 학교는 '아이들이 행복한 학교'라는 목표로 전교생이 90명 정도였던 시골학교에서 시작하여, 지금은 300명이 넘는 학교가 되었다. 현재 '조현초등학교'는 아이들이 가고 싶은 학교, 모두가 행복한 학교가 되었다. 이 학교가 성공하여 학부모와 학생들에게 인기 있게 된 이유는 무엇일까? 먼저, 이 학교는 자발적인 학생을 기우는 것이 목표다. 앉아서 하는 공부보다 체험교육, 문화와 생태교육을 중요하게 생각한다. 이 학교 학생들은 주변의 산과 들로 선생님과 함께 자주 놀러나간다.

최근 '조현초등학교'를 시작으로 서울지역에서도 혁신학교가 생겨나기 시작했다. 서울의 혁신학교들도 일반 공립학교와는 조금 다른 교육을 한다. 이 학교들은 교과서가 아니라 주제를 중심으로 공부한다. 학생들이 서로 토론하고 이야기하는 학생 중심의 공부를 한다. 또한 일반 학교에 비해 외부의 다양한 곳에 찾아가서 문화, 예술 체험이나 놀이와 스포츠 활동을 많이 한다. 이러한 장점이 알려지면서, 학부모들이 아이들을 혁신학교에 보내기 위해 인근 아파트로 이사를 올 정도로 인기가 높아지고 있다. 실제로 혁신학교로 지정되면, 그 주변의 아파트 가격이 오르기도 한다.

요즘에는 학교생활에 적응하지 못하는 아이들이 늘고 있다. 친구들과 어울리지 못하는 아이, 수업 시간 내내 교실 안을 휘젓고 돌아다니는 아이, 남을 괴롭히거나 물건을 집어던지는 공격적인 아이가 많아지고 있다. 이런 아이들에게 전문 상담도 하고 정신과 의사까지 동원하는 경우도 있지만, 나아지지 않는 아이도 있다.

학부모와 함께 여러 노력을 하다가 안 되는 아이에게는 "대안학교에 보내보는 것은 어떨까요?"하고 제안하기도 한다. 하지만 대안학교는 학비가 비쌀뿐더러 보통 집에서 멀리 떨어져 있다. 그리고 아직, 문제나 부적응아들이 가는 학교라는 편견도 있다. 물론 "아이들을 자유롭게 키우고, 교과서가 아닌 체험 중심으로 배우면 좋겠다."고 생각해 일부러 대안학교에 보내는 학부모도 있다. 그러나 아직까지 교육부의 인가를 받지 못한 대안학교가 많아서 졸업장을 따기 위해 검정고시를 다시 봐야 하는 경우가 많다.

나도 혁신학교와 대안학교들이 최종적으로 추구하는 '아이들이 주도적인 학교', '아이들이 주인공인 학교'를 세우고 싶다. 내가 학교를 직접 세우고 싶은 이유는 공립학교에서는 자유롭게 교육과정과 목표를 추구하기가 어렵기 때문이다. 누구나 올 수 있고, 배우는 데 돈이 들지 않는 아이들이 행복한 학교를 만들고 싶다.

나는 나중에 세우고 싶은 학교를 구체적으로 생각해 보았다.

놀이가 중심인 학교, '수업 종'이 없는 학교를 만들고 싶다. 교육사회학에서는 교육이 사회 계층을 유지하기 위한 역할을 한다는 이론이 있다. 상류층들의 문화와 권력을 유지하기 위해 교육을 이용한다는 주장이다.

예를 들어, 학교에서 수업이 끝나고 울렸던 종소리를 생각해보자. 수업이 끝나서 종이 울리고 쉬는 시간을 보내면, 다시 수업 시작 종이 울린다는 것을 당연하게 생각할 수 있다. 하지만 이 '종소리'는 산업혁명 이후, 공장에서 효율적으로 일할 수 있는 인간을 교육시키기 위해 들어온 개념이다. 학생들은 1시간 공부하면 10분을 쉬며, 12시가 되면 점심을 먹고 다시 공부를 시작한다. 실제로 공장 시스템과 학교는 비슷하게 돌아가고 있다. 공장에서도 한두 시간 일하다 보면 종이 울려서 잠시 쉬고, 다시 종이 치면 일을 하는 시스템인 셈이다. 직장인들도 마찬가지이다. 9시에 출근해서 점심시간이 되면 밥을 한 시간 먹고, 6시가 되면 퇴근 종이 울린다. 앞서 말했던 교육 사회학 이론은 이러한 증거들을 제시하며, 학교는 노동자를 길러내어 상위 계층으로 올라오지 못하게 만들기 위한 곳이라 주장한다.

"왜 1시간을 공부하고 1시간을 쉬면 안 될까?"
"5분만 공부하고 1시간을 쉬는 것은 왜 안 될까?"

요즘에는 혁신학교가 생겨나고, 진보 교육감이 들어오면서 시간 개념을 바꾸고 있다. 지금 내가 근무하는 학교도 아이들은 9시에 등교하고, 중간에 20분씩 놀이 시간이 있다. 지금까지의 시간 관념을 조금이나마 깨는 시도로 보인다. 어떤 학교에서는 블록타임이라고 해서 2시간을 공부하고 20분씩 쉬는 학교도 있다.

내가 세우고 싶은 학교는 시간 개념이 없는 학교이다. 학생들이 자주적으로 하루를 계획하고, 배우고 싶은 것도 교사와 함께 정한다. 어떤 날은 하루 종일 그림을 그리고 감상하다가 끝날 수도 있고, 쉬고 싶을 때 쉬다가 밥을 먹고 싶을 때 먹는다. 또 어떤 날은 하루 종일 수학 문제를 가지고 토론하면서 고민해보고, 어떤 날은 저녁때까지 밖에서 놀다가 가는 것이다.

영국의 대안학교 중에 '서머힐(Summerhill)학교'가 있다. 이 학교의 가장 특이한 점은 아이들이 수업 시간에 공부를 하러 교실에 들어갈지 스스로 결정한다. 놀고 싶으면 밖에서 놀아도 된다. 무엇보다도 이 학교 선생님과 학부모들은 아이를 전적으로 믿어준다. 공부를 할 것인지 놀 것인지 아이들의 자유이고, 아이들은 스스로 놀 거리를 찾으며 자신들이 좋아하는 것을 찾는다. 그리고 아이들에게 강요하지 않고 모든 규칙을 스스로 결정한다. 다만 규칙에 대한 책임만 스스로 지면 된다. 무엇보다도 시험과 숙제, 성적표가 없다.

아이들은 교과서나 수업이 아니라 경험을 통해서 배워야 한다고 생각한다. 학생들이 스스로 경험하고 좋아하는 것을 선택하여 공부하면서 자신의 꿈이 생기고 목표가 명확해진다. 지금 공교육을 받는 아이들은 어떠한가? 아이들 자신의 꿈인지 명확하지 않다. 부모의 꿈이기도 하고, 주변 인식과 사회적 환경이 만들어 낸 꿈이기도 하다. 나는 아이들이 스스로 꿈을 찾아 하고 싶은 것을 하면서 살게 키우는 '아이들이 행복한 학교'를 세우고 싶다.

이러한 '행복한 학교'를 세우기 위해서는 여러 가지 요소가 필요하다. 일단, 우리나라에서 학교를 세우기 위해서는 돈과 영향력이 있어야 한다. 현재 학교의 이사장들은 기업의 회장이거나, 교육계의 유명인사, 그리고 부자들이다.

나도 학교를 세우기 위해서는 내 자신을 브랜드화해서 알리고, 돈을 많이 벌어야 한다. 지금부터 계속 책을 쓰고 강연을 다니면서 나를 알리고, 사업을 통해서 돈을 많이 벌 계획이다. 물론, 지금의 교사 생활을 그만두고 사업을 시작하면 고난과 시련이 계속해서 온다는 것을 잘 안다.

내 부모님은 20년째 사업을 하고 계신다. 직장생활을 10년 넘게 하시다가, 사업 전선에 뛰어드시면서 온갖 힘든 일을 다 겪으셨다. 부모님께서는 20년 동안 사업을 하시면서 쉬는 날 없이 열정을 다해 지금까지 달려오셨다. 아직까지도 현장에서 직원들과 함께 일하시는 모습을 보면 안쓰럽기도 하지만, 그런 과정을 통해 지금에 이르렀다는 것을 안다.

나는 초등학교 교사로 공무원 생활을 하고 있다. 앞으로 교사들도 철밥통 직장이라는 개념이 없어지고 계약직 공무원이나 비정규직 쪽으로 바뀌어갈 것이다. 지금도 학교에서 일하는 직원들의 절반 가까이가 비정규직이고, 외부 전문 강사들이 학교에 와서 교사들의 자리를 채워가고 있다.

나는 앞으로 작가와 강연가로 활동하면서 나만의 콘텐츠를 개발하고자 한다. 아이들과의 관계를 어려워하는 학부모들을 컨설팅 해주고, 나아가 일반인들을 대상으로 하는 관계 컨설팅 과정까지 만들기 위해 계획 중이다. 이를 위한 공부와 책 쓰기를 계속하며 컨설팅 사업을 성공시켜서, 50세가 되면 지금까지 말한 '아이들이 행복한 학교'를 멋지게 하나 세우고 싶다.

학교를 세우기 위해서는 돈도 필요하고, 나를 알리는 것도 중요하지만 무엇보다 교육에 대한 제대로 된 의식이 제일 중요하다고 생각한다. 지금 갖고 있는 내 교육철학과 의식을 결코 잊지 않을 것이다. 아이들이 자유롭고 행복하게 자라며 자주적으로 생각하고 하고 싶은 일을 하면서 살도록 도와주고 싶다. 나는 앞으로 아이들이 성인이 되어 지금보다 더욱 행복한 우리나라, 발전된 나라를 만드는 데 이바지할 것이다.

시련이 값진 경험으로 바꾸는
인생 2쿼터

_엄정환

염정환

자기계발작가, 동기부여가, 라이프코치, 라이프 미라클 메신저, 주류유통전문가

20살에 특수정보부사관, 해군 특수부대(UDU)에 입대하여 하늘과 땅, 바다에서 할 수 있는 모든 특수훈련을 마칠 만큼 건강한 신체와 강인한 정신력을 가지고 있다. 현재 삶의 성장을 이뤄내는 책 쓰기와 타인 억악 삶을 돕는 열정적에 대한 확신을 가시고 1인 기업가의 길을 걷고 있다. 대한민국 최고 강연가이자, 라이프코치의 꿈을 향해 열정을 다하고 있다.

• E-mail_ dua8138@naver.com

1

대한민국 최고의 메신저 되기

나는 요즘 영화 〈매트릭스〉에 주인공이 된 기분이다. 책을 통해 이끌리듯 누군가를 만나게 되었고 다른 세상을 보게 되었고 의식이 바뀌었다. 관점이 아닌 의식이 바뀌고 있다는 말은 다른 존재가 되어 가고 있다는 뜻이기도 하다. 심장이 뛰면서 설레고, 꿈이라는 것을 갖게 되니 목표가 생겼다.

임원화 작가의 책을 읽고 〈한책협〉을 알게 되었고, 특강을 참석하고 김태광 총수님의 이야기와 추천받은 책을 읽고 나서 메신저라는 직업과 책 쓰기에 확신을 갖게 되어 구체적인 꿈을 설정하고 이렇게 글을 쓰고 있다. 많은 사람들에게 독서의 힘을 알리고, 꿈을 갖는 것에 소중함을 알려주고 싶다. 열정적으로 사람들에게 강연하고 동기부여 하고 있는 나의 모습이 기대된다.

책이라는 것은 참으로 신기한 물건이다. 지금껏 살아오면서 나를 뒤흔들어 놓았던 몇 권의 책이 있었다. 책을 좋아하는데 책을 가까이 하지 못할 주변 상황에 치일 때면 "책 속에 파묻혀 죽었으면 소원이 없겠다."고 중얼거리며 위안을 삼기도 했다.

나에게 책은 힘들 때 나를 이끌어준 선생님이고 나침판이었으며 유일한 친구이기도 하다. 그리고 지금은 인연을 이어주는 연결 고리가 되어 이 글을 쓰고 있는 나를 만들어냈다.

본격적으로 독서에 빠져들려고 작정하고 독서법에 관한 책들을 관련하여 책을 읽기 시작했다. 어떤 책들은 편하게 읽혀지는데, 어떤 책들은 힘든 책들이 있었다. 그래서 '책 읽는 것도 방법이나 기술이 필요하겠구나'하는 생각이 들어 독서법을 찾아보던 중에 임원화 작가의《하루 10분 독서의 힘》을 접하게 되었다.

중환자실간호사로 3교대 근무를 하며 강사업무를 병행하는 과정에서 생존, 몰입, 틈새 독서를 하며 고군분투하며 고되고 힘든 삶을 헤쳐나가는 것도 모자라, 책까지 쓰고 있는 그녀의 글을 읽으면서 정말 대단하다는 생각이 들었다.

책을 읽는 동안 점점 가슴이 뜨거워짐을 느꼈고, 공감하며 따라하게 되었다. 그동안 매주 도서관에서 책을 빌려 보다가, 직접 강남 교보문고로 가서《하루 10분 독서의 힘》과 함께 10여 권에 책을 구매해버렸다. 그리고 뿌듯한 마음에 나름대로 나만의 서재를 꾸며본다고 그 책들을 책상 귀퉁이에 세워놓았다.

사실 그동안 책 한 권 사는 데도 벌벌 떨었었다. 만 원이 조금 넘는 돈이지만 몇 년 동안 그 돈으로 일주일의 생활을 해오던 나는 쉽사리 돈을 쓰지 못했다. 조금이라도 아끼고 모아서 정리해야할 빚이 있었기 때문이다. 그래서 책은 도서관에서 빌려 보았었는데, 지금은 생각이 많이 바뀌었다. 덜 먹고 빚을 지더라도 책에 투자하는 것이 나의 미래를 위해 나은 것이라고 깨달았기 때문이다.

그동안에 나의 인생은 가정환경과 돈에 의해 좌지우지되었었다. 아직도 기억나는 것이 초등학교 4학년에 여름 새벽 신문사를 찾아가서 일을 하고 싶다고 했더니, 너무 어린 티가 났는지 안 된다고 돌려보냈다. 결국, 다음해 5학년이 되어서 다시 찾아 갔더니 일거리를 주었다. 처음에는 조금씩 코스를 내어주다가 나중에는 5층짜리 아파트 50동이 내 구역이 되었고, 부수는 120부 정도였다. 어떤 날은 동생도 데리고 나가서 일하기도 했었고, 그렇게 새벽공기를 마시며 일할 수 있는 것이 좋았다.

중학교에 들어가고 어느 때와 같이 배달을 하고 있는데, 다른 신문사 배달원이 어차피 올라가는데 자기네 신문도 같이 배달해달라고 제안이 들어왔었다. 그런 식으로 총 4군데 신문사의 배송을 했었다.

달력을 찢어서 동아일보는 검은색, 스포츠는 빨간색, 경제는 노란색, 다른 신문사 것은 별표 도형 색깔 펜으로 나만이 알아볼 수 있게 배송표를 만들어 배달했던 기억이 난다.

그렇게 20대 초중반을 군대에서 보내고 제대해서 10여 년이라는 시간이 흘렀다. 처음에 사회에 적응하기도 쉽지 않았고 집안 상황을 풀어 나가는데도 어려움이 많았다. 많은 사연과 우여곡절 끝에 어떤 일을 하든 오래 다녀야겠다는 생각에 서울에 올라오게 되었고, 그 첫 번째 직장이 지금 다니고 있는 주류회사이다.

나는 현재 나의 인생 전반에 있어 과도기이다. 아버지가 돌아가시고 1년여간 아버지가 돌아가셨다는 슬픔보다는, 내 어깨를 짓누르던 중압감들에 대해 홀가분해졌음을 느끼게 됐다. 아버지의 임종을 목격했을 당시, 이제는 편하게 잘 가시라는 말밖에 나오지 않았다. 죽지 못해 사는 괴로운 인생 사시느라 고생 많으셨다고 좋은데 가시라고 말씀드렸다.

그리고 1년 동안 내가 할 수 있는 최고의 선택은 독서라고 생각했다. 책만이 살길이고, 내 인생을 바꿀 수 있다고 다짐하고 다짐해왔다. 그러던 중에 그 책이 나에게 와서 인연을 만들었고, 이 글을 쓰게 했다.

그동안에는 나의 가정환경과 경제적인 이유로 제한적인 인생을 살아 왔다. 누구나 정도의 차이일 뿐이지, 그러한 제약과 제한은 있다고 생각한다. 또 한때는 각자가 처해진 상황에서 지혜롭게 고군분투하며 풀어나가는 것이 인생이라고 생각했다. 그러한 상황에서 어떤 이는 그 환경과 이유를 깨뜨리고 뛰어 넘어 새로운 세계를 창조할 것이고, 어떤 이는 안정적인 현실에 안주하며 인생에 대해 늘 어놓을 것이다.

어떻게 해야 지금의 내 환경을 깨뜨리고 나올 수 있을지 생각조차 못했다. 그런데 책에서 방법을 찾게 되었고, 책을 통해 메신저라는 직업이 있다는 사실을 알게 되었다. 자신이 가진 경험과 지식을 메시지로 만들어 다른 이들에게 전달하는 사람으로서, 다른 사람들을 이끌어주고 의미 있는 삶을 살 수 있도록 도와주는 것이다.

나는 배움이 짧다. 유치원도 안 나왔고 공고를 졸업한 것이 최종 학력이다. 하지만 나에게는 몇 가지 값진 재료가 있다. 지금껏 몸 쓰는 일을 해왔던 경험과 술과 담배와 같은 중독에 관해 관심이 많아, 관련 서적들을 찾아 공부하여 술과 담배를 끊은 경험이 있다. 군대에서 특수훈련을 받고, 여러 가지 운동을 했던 경험 그리고 인생을 살아오며 경제적, 육체적으로, 정신적으로 겪는 어려움을 이겨낸 경험들이 내가 가진 좋은 재료라고 생각한다.

나는 메신저로서 나의 인생 2쿼터를 시작해보려고 한다. 임원화 작가의 책을 읽고 〈한책협〉을 알게 되었고, 특강을 참석하고 김태광 총수님의 이야기와 추천받은 책을 읽고 나서 메신저라는 직업과 책 쓰기에 확신을 갖게 되었고, 구체적인 꿈을 설정하고 이렇게 글을 쓰고 있다. 그 시작은 책 쓰기이고, 그다음으로 메신저라는 직업을 갖고 강연으로 이어질 것이다.

나는 책을 써본 것도 처음이고, 사람들 앞에서 강연을 해본 적도 없다. 하지만 나는 지금 무엇인가에 이끌려 그 단계 단계를 거치고 있는 기분이다. 어떤 기운에 끌려 왔든 끌어 왔든 간에 지금 이순간은 내가 현재 당면해있는 현실이고 과정이고 흐름이다. 그동안 살아오면서 나의 의식적인 의지와는 다르게 운명처럼 겪어야만 하는 일들이 있는 것만 같고, 지금 이 순간들이 그렇다.

나는 이 상황들을 잘 풀어나갈 것이고, 꿈을 향해 한 걸음 한 걸음 나아가고 있음을 믿는다.

2

평생 꿈친구 만나 결혼하기

서른 살이 넘어서부터는 주위에서 언제 결혼하냐는 둥 소개 시켜 주겠다는 둥 잊을 만하면 한 번씩 나를 몰아세운다. 사귀는 사람이 없었지만 있다고 둘러댔었고, 막연히 몇 년 전부터는 서른다섯에는 결혼을 할 거라고 입버릇처럼 얘기하고 다녔었다.

그동안 결혼을 생각하면 이것저것 생각이 복잡해져서 결국은 외면해버리곤 했다. 쓸데없는 중압감과 책임감에 흠뻑 무거워져 그럴 겨를이 없기도 했었다. 내가 어찌하지 못할 일들에 대해서 고민하고 심각해하며 매사에 진지했었는지 모르겠다. 어려운 가정형편에 학업을 포기할 수 밖에 없었던 이유와 비슷한 심정으로 결혼도 포기했었던 것 같다.

지금 생각해보니 난 구제불능이었다. 피해 의식에 푹 뒤집어 씌어서는 자신의 인생을 돌보지 않고 방관하는 치명적인 착각을 하고 살았으니 말이다. 그리고 온갖 부정적인 감정과 생각에 나의 젊은 시절은 무기력하게 끌려만 다녔다.

주위를 둘러보면 혼자 사는 사람들도 많고, 사회 분위기도 많이 바뀌어서 결혼을 두 번, 세 번씩하기도 하고 결혼을 꼭 해야 하냐며 반문하는 사람도 있기도 하다. 나는 결혼이나 연애에 대해 무감각하게 살아왔다. 내가 그동안 뭐 그리 대단한 일을 한다고 일만 하며 제대로 연애 한번 못 해보고 지금껏 살아왔나 하고 후회가 되기도 한다. 그만큼 삶이 각박하기도 했었고 치열하기도 했었다.

어느새 말로만 내뱉던 서른다섯이 내년으로 다가오니까 계획을 세워 보게 되었다. 그리고 무엇보다 중요한 사실은 지금을 기점으로 내 인생에 이뤄야 할 꿈을 갖게 되었고, 주위 상황에 끌려 다니는 인생이 아닌, 꿈을 이루고 열정적으로 살아보기로 결심했다. 그리고 그 막연하기만 했던 결혼이라는 생각이 그 결심 앞에 올라선 두 번째 목록이다.

나의 가정환경은 그리 평범하지 않다. 어릴 적 부모님은 안 좋은 사건으로 헤어지셨고, 아버지는 한 달에 절반 이상은 술에 의지하며 살았다. 그 흔한 용돈 한번 받아 보지 못했고 술에 취한 아버지가 무서워서 집에 들어가지 못하고 밖에서 노숙했던 적도 많았다.

그렇게 너무 일찍 철이 들어버렸고, 돈의 필요성을 느끼고 어릴 적부터 일을 하게 되었다. 할머니께서 집안일을 해주시고 돌보아주셨지만 어머니의 자리를 채우기에는 역부족이었던 것 같다. 이러한 이유로 더 행복한 가정을 꿈꿀 수 있을 법도 한데 낮은 자존감과 자격지심에 빠져 외면하고 포기하곤 했다. 짚신도 짝이 있으니 분명 내 짝이 있을 거란 생각을 하다가도 무엇 하나 이뤄놓지 못하고 준비해놓지 못한 현실을 탓하기도 했다. 그리고 한편에는 어릴 적 집안사정으로 인해 떠나버린 어머니의 기억들이 잠재의식에 각인되어, 이성에 대해 무감각하고, 적대심을 갖고 있는 것은 아닌가 하는 생각도 들었다.

내 인생의 주인은 나이기에 내가 만들어가는 것인데, 환경 탓, 남 탓으로 가득 찬 신세 한탄만 하는 것 같았다. 어떻게 해야 할지 머리로는 알 것 같았지만 울타리를 벗어 나오기란 쉽지 않았다. 항상 계기가 필요했는데, 지금 이 글을 쓰는 일이 나의 울타리를 벗어나는 계기가 될 수 있을 거라 기대한다.

글을 쓰면서 정말 중요한 것을 발견하고 있다. 그리고 이러한 기회를 정말 감사하고 있다. 어릴 적부터 어려운 환경을 극복하고 성공한 사람들의 책과 자기계발, 성공학 관련 책을 읽어 보고 실천해 보았지만 막연하기만 하고 바뀌지 않는 현실이 답답했었다. 그런데 결혼을 놓고 이렇게 부정적인 생각으로 가득 차 있다는 것을 알게 되니 실마리가 보이기 시작한다.

사실 긍정적으로 생각하려고 오랫동안 애써왔다고 생각했는데, 글로 적고 보니 그동안 밑바탕에 형성되고 방치되어 있던 부정적인 생각들이 엄청나다는 깨달음을 얻었다. 그리고 막연하고 대책 없었던 그동안의 결혼에 대한 생각이나 나의 인생에 대해서 긍정적으로 정리가 되어가고 있다. 내 안에서 그동안 방치되고 쌓여있는 부정적인 생각들이 무엇인지 알게 되었으니, 그 생각을 넘어서는 긍정적인 생각으로 나를 바꿔 나갈 것이다.

나는 나의 존재에 대한 가치와 소중함을 일깨우며 자존감을 높일 것이며 나의 인생을 더 이상 방관하지 않고 목적을 갖고 꿈을 이뤄나갈 것이다. 어려웠던 가정환경에 더 이상 얽매이지 않고 나만의 인생을 개척해 나가고자 한다.

그러한 시련과 역경을 겪게 된 것이 우주의 선물임을 알고 감사함으로 참된 소명을 찾기 시작했다. 또한 나를 이 세상에 있게 한 아버지, 어머니를 용서하고 감사하며 가슴 깊이 안으려 한다. 그리고 지금 나의 모습은 과거의 생각이 만들어낸 결과물에 불과하기에, 앞으로 분명한 목적을 가진 꿈을 갖고 실천한다면 결국 그 꿈은 현실이 될 것을 잘 알고 있다.

글을 쓰는 내내 내 자신이 치유되고 있음을 느낀다. 그동안 제대로 이해하지 못하고 있던 나의 속마음을 성찰하면서 차차 가벼워지는 이 기분을 어떻게 표현해야 할까? 내 안에 담아 두고 묻어 두었던 것들을 하나하나 꺼내어 태워 날려버리는 기분이다. 새로운 것을 담기 전에 먼저 비워야 한다는 말이 생각난다. 지금의 나를 표현하기에 가장 적합한 말이다. 이제는 과거의 묵은 감정과 오랜 상처로부터 완전히 작별하고 싶다.

나의 두 번째 버킷리스트는 결혼하기다. 나는 잠재의식의 힘을 믿는다. 그리고 매일 무한한 우주의 잠재의식에게 기도하고 요청할 것이다. 조셉 머피박사의 말을 빌려 말한다. 나는 지금 나에게 가장 적합한 여성을 끌어당긴다. 이것은 정신의 일치인데, 그 이유는 이것이 두 사람의 영혼에 공통된 잠재의식을 통해 작용하는 신적인 사랑이기 때문이다. 그리고 나는 그 여성이 다음과 같은 성격을 갖추고 있다고 단언한다. 그녀는 참되고 올바른 심성을 가졌으며 성실하고 순결한 사람이다. 그녀와 조화를 이루어 행복한 삶을 만들어 갈 것이다. 우리들은 서로가 저항할 수 없이 끌리고 있고, 사랑과 진실, 아름다움으로 나의 세계로 들어오는 중이며 나는 지금 나에게로 오는 가장 이상적인 반려자를 기쁜 마음으로 받아들일 준비를 마쳤다.

마지막으로 앞으로 나의 반려자가 될 그녀에게 미리 전하고 싶은 말을 전한다.

"나는 당신이 나의 꿈을 믿어주고, 나 또한 당신의 꿈을 믿고 지지하며 사랑하고 평생을 꿈을 이루며 행복하게 살아갈 꿈친구이길 바랍니다. 그리고 한 남자의 아내와 아이의 엄마이기 이전에 본인의 꿈을 당당히 이루며 한없이 밝게 웃을 수 있는 마음이 따뜻한 사람이었으면 좋겠습니다."

3

베스트셀러 작가 되기

오랫동안 중독에 대해 관심이 많았다. 평생을 술에 의존해서 살아가셨던 아버지의 영향도 있고, 나의 인생에서도 지대하게 영향을 끼쳤던 중독증에 대한 답을 간절히 구했고 필요로 했다. 오랜 시간 술과 담배라는 녀석과 사투를 벌여왔고, 지금은 그것들이 길가에 놓여 진 돌멩이같이 아무 상관없는 하나의 물건으로 여겨진다.

중독증이 인생에 미치는 영향이란 이루 다 말할 수 없을 만큼 비참하고 무서운 것이라 생각된다. 아버지의 인생을 송두리째 가져간 것이 술임을 인식한 후로는 나는 술을 마시지 않으려 했다. 학창시절, 군대에서 어울려 어느 정도 마시기도 했지만 즐겨 마시지는 않았다. 알코올중독이 한 사람과 가정을 어떻게 파괴시키는지 아버지를 통해 뼈저리게 느끼고 경험했기 때문이다.

그리고 고등학교 때부터 피웠던 담배는 18년간 지독히도 나를 괴롭혔다. 친구들도 하니까 호기심에 시작한 한 개비의 담배는 18년간 줄이거나, 끊어 보려고 그렇게도 노력을 해보았지만 아무런 소용이 없었다. 그렇게 무던히도 담배와의 씨름을 하고 있을 무렵, 알렌 카의 《스탑 스모킹》이라는 책을 접하게 되었고, 책을 읽음과 동시에 담배에 대한 욕구가 사라지며 끊게 되는 경험을 하게 되었다. 나에게는 정말 신기한 체험이었고, 이 경험으로 인해 독서의 중요성과 필요성을 크게 느끼는 계기가 되었다. 그 책은 흡연에 대한 행위의 실체를 알게 해주었고, 비흡연자의 의식을 갖게 해주며 금연하려는 이의 자신감을 심어주었다. 내가 담배를 끊고 나니 주위 사람들에게도 흡연의 실체를 알리고, 그 굴레에서 벗어 날 수 있도록 도와주고 싶은 욕구가 생겼지만 마음만 앞서고 역부족이었다.

나는 언제가 알렌 카와 같은 직업을 갖고, 중독증에 힘들어할 사람들에게 중독의 실체와 진실을 알리고 자신이 진정 원하는 인생을 찾게 해주고 싶다는 다짐을 했었던 적이 있었다. 그리고 이제는 그 꿈을 구체적으로 실천할 실마리가 보이기 시작한다.

그동안 살아오면서 책을 통한 신기한 경험이 몇 번 있다. 인생의 전환점이 될 만한 것이 있을 때는 반드시 책이 나에게 다가왔고 말을 걸어왔다. 군대 특성상 3년 만에 나온 첫 휴가 마지막 날, 버스정

류장에서 기다리다 우연히 에모토 마사루의 《물은 답을 알고 있다》를 읽게 되었고, '내가 생각하고 쓰는 단어에 따라 물이 바뀌는 것처럼 나의 인생도 바뀔 수 있겠구나'라고 희망을 가져 긍정적인 사고를 하려고 노력하는 전환점이 되었다.

그리고 앞서 소개한 《스탑 스모킹》을 읽었을 때에도 그 책을 5번쯤 읽고 담배를 끊었고, 몇 개월 후 다시 피우게 되었다. 그렇게 몇 번을 반복하는 과정에서 50번쯤 읽게 된 것 같다. 담배를 피우게 되는 내 자신이 한심스럽기도 하고 부정적인 감정에 빠져 헤메다가 '될 때까지 한다!', '이 책을 갈아 마셔야겠다!'는 각오로 읽고 또 읽었다. 지금껏 살아오면서 가장 잘했다고 생각하는 것이 바로 금연에 성공한 것이다.

또, 지금의 직장생활을 하다 우연히 도서관에서 발견한 찰스 해낼의 《성공의 문을 여는 마스터키》는 첫 페이지를 읽는 순간 심장이 터질 듯 뛰며 책 속으로 빨려 들어가는 기분이 들었다. 그동안 성공에 대해 의문을 갖고 갈망했던 내용들이 너무도 이해하기 쉽게 설명되어 있었고, 일하는 중간중간에도 쉬는 시간이면 화장실 간다고 하고는 복사본을 챙겨 나가서 읽기도 했었다. 성공을 갈망했던 나는 생각과 마음의 원리가 현실에서 어떻게 작용하는지 알게 되는 것이 매우 흥미로웠고, 책 제목처럼 성공의 열쇠를 갖고 싶다는 열망을 갖게 되었다.

그리고 임원화 작가의 《하루 10분 독서의 힘》을 계기로 김태광 총수님을 만나 이 글을 쓰고 있으니 책은 때때로 나에게 진정 필요한 것을 가지고 다가와 주었다. 이번에는 '하루 10분 몰입 독서습관'과 더불어 책 쓰기와 꿈을 찾게 되었다.

나는 지금 꿈을 찾았다. 그동안의 인생을 증명할 수 있고, 앞으로의 열정으로 불태울 수 있는 길을 보았기에 한 걸음 한 걸음 나아가고 있다. 이처럼 책은 나의 인생에 있어 나침반이 되어 주었고, 스승이었으며 친구이기도 했다. 다른 사람들도 이와 같은 경험이 있을 것이라 믿는다.

많은 사람들이 책을 가까이 하고 책을 읽음으로써 자신의 삶에 방향을 개척하길 바란다. 더 나아가 꿈을 찾고 삶의 이유를 갖기 원한다. 그리고 술, 담배 등의 중독증에서 벗어나 참된 삶의 가치를 만끽하기를 바란다. 가능한 많은 사람들이 그렇게 될 수 있도록 도울 것이며 그것이 나의 직업이 될 것이다.

나는 이러한 주제로 책을 쓰고 강연가, 동기부여가, 독서코치, 금연코치로서 활동하며 더 나아가 1인 사업가로서 발돋움할 것이다. 그러기 위해서 무던히도 각 분야에 대해 연구하고 배우고, 책을 쓸 계획이다.

중독증에 빠져 허비했던 시간이 사라지자 전보다 더 건강을 챙기는 습관이 생기게 되었고, 자연히 관심사는 먹는 것과 운동으로 바뀌었다. 그리고 많은 사람들이 다이어트와 이상적인 식습관에 대해 관심이 많다는 것을 알게 되었고, 경제성장과 의학발달로 고령화로 인해 웰빙(Wellbeing)이나 웰니스(Wellness)라는 개념이 확산되고 있다는 것을 알게 되었다.

챗바퀴 돌 듯 반복되는 6년간의 직장생활을 하면서도 나의 주된 관심사는 기본적인 욕구와 중독, 이상적이고 균형 있는 삶을 추구하는 것이었다. 나의 인생은 물론이고 다른 사람들의 인생에도 그러한 영향을 미치고, 세상의 많은 사람들에게 선한 영향을 끼치고 싶다.

책 한 권을 읽는 것은 저자와의 보이지 않는 만남을 갖는 행위다. 실제로 보지는 않았지만 책으로써 소통하고 의견을 주고받으며 영향을 받게 된다. 같은 내용이라도 읽기 쉬운 책이 있고 어려운 책이 있다. 때때로 읽었던 책을 떠올려보면 편안하고 따뜻해지는 책이 있었고, 자신감이 생기고 의지가 되며 삶에 지표가 되는 책도 있었다. 또는 희망이 되었던 책도 있었다.

현재 내 주변에 있는 사람들은 대체로 상황이 어려운 사람들이 많다. 노가다 인생, 평생 장사에만 매달려 사시는 분들, 몸이 아프신 분들, 경제적으로 어렵고 찌든 사람들, 꿈을 잃고 반복되는 일상으로 괴로움을 술과 담배로 사는 사람들. 각자의 인생은 소중하고 유일하다. 조금 전까지만 해도 부대끼며 함께 살아왔다. 나는 지적 수준이 낮은 사람들도 쉽게 이해할 수 있고, 삶의 유익함을 주는 편안한 느낌의 책을 쓰고 싶다.

그리고 언젠가는 책 쓰기에 대한 책도 쓰고 싶다. 나의 인생은 책 쓰기를 시작하면서 완전히 바뀌게 되었다. 물론 그동안에 독서가 삶의 지표가 되어주고 스승처럼 친구처럼 많은 위안이 되었으며 관점을 바꿔주고 지식을 습득할 수 있었지만, 내가 지금 느끼고 있는 책 쓰기의 효과와 좋은 점과는 차이가 났다.

책 쓰기가 자기계발의 최고점이라는 말을 몸소 체험하고 있다. 나에게 책 쓰기는 자기혁명이고 세상에 대한 선언이다. 그로 인해 새로이 태어나고 있음을 느낀다. 나의 책들은 많은 사람들에게 읽혀지고 하나같이 베스트셀러가 되어 그 이익은 다시 세상에 환원될 것이다.

4

1인 기업가로 활동하며 경제적인 자유 누리기

나의 롤모델은 〈IMMIGHTY컴퍼니〉 임원화 대표이다. 그녀의 열렬한 팬이기도 하다.

《하루 10분 독서의 힘》을 읽고 그녀의 스토리에 공감하고 감동되어 따라하게 된 것이 나의 자기계발의 시작이었다. 같은 직장인 입장이었고, 다른 책과는 다르게 열정이 넘치고 꿈에 대한 이야기가 강한 인상을 남겼다. 그러고 보니 지금까지 살면서 누군가를 따라 한 적이 별로 없었는데, 이 책은 나를 따라쟁이로 만들었다. 책은 좋아하지만 책값이 아까워 도서관을 다니던 내가 책에 나왔던 강남 교보문고에도 가보고 처음으로 책 10권을 질러버렸다. 그리고는 뿌듯한 마음으로 그 책들을 책상 한쪽에 눕혀 놓고는 꿈꾸는 서재 비슷하게 만들어 보았다. 또 자판기 커피나 마시던 내가 언젠가는 스타 벅스도 한번 가봐야겠다고 생각을 해보기도 했다.

그리고 책 속에 짤막하게 소개된 〈한책협〉이라는 인터넷 카페에 무심결에 가입을 하게 되었는데, 그것이 인연이 되어서 1일 특강을 오게 되었고 임원화 작가를 직접 볼 수 있었다. 내가 살면서 작가를 만나게 될 줄은 생각도 못 해봤다. 그리고 원래 나서서 사인 받고 그런 적도 없었는데, 무슨 용기가 났는지 특강이 끝날 무렵 사인도 받고 몇 마디 주고받을 수 있었다. 사실 그날은 첫날이라 그런지 앞에서 무슨 얘기를 하는지 귀에 잘 들어오지도 않았다. 그날을 시작으로 임원화 대표에 '책꿈디자인'이라는 프로그램에 참여하게 되었다.

그리고 그날 김태광 총수님으로부터 추천 받은 《메신저가 되어라》와 《부의 추월차선》이라는 책을 읽고 나서는 머리를 한방 얻어맞은 기분이었다. 현재 흘러가는 사회 분위기와 현실을 적나라하게 직시할 수 있었다. 그리고 나 같은 밑바닥 인생도 그 경험과 지식이 재산이 되어 메시지를 전달하는 메신저가 될 수 있겠다는 확신이 들었다.

그렇게 글쓰기를 시작했고, 직장생활을 하는 와중에도 꿈을 찾았다는 설렘과 기쁜 마음으로 웃음이 절로 나왔다. 나의 책이 나오고 강연을 하며 1인 사업가로 활동하고 있는 모습이 그려졌다. 지금껏 살아오면서 꿈이라는 단어 자체도 쉽게 생각하지 못했었다. 하루하루를 성장을 위해 찾아간다는 심정으로 살아왔고 막연한 성공을 갈망했었다.

처음에는 음악에 꿈을 갖는 사람들은 많지만 오랜 시간을 무명으로 지내고, 그중에 운이 좋은 특별한 사람만이 성공한다는 논리로 책 쓰기에 대해 생각했다. 하지만 글을 직접 쓰면서 느끼는 것들은 많이 달랐고, 책을 써야 성공한다는 말이 점차 이해가 되고 있다. 글을 쓰며 꿈이 명확해졌고 꿈을 상상하며 나아가게 되었다. 나의 인생에 다양한 변곡점들이 하나에 선으로 연결되어 큰 그림으로 그려지게 되었다. 참 신기하게도 자연스레 상상에 나래가 펼쳐지고 그곳에 당당한 내가 있었다.

그리고 몇 가지 우주가 보내는 메시지와 같은 상황을 겪고 나서는 확고히 결심을 하게 되었다.

임원화 대표의 몰입독서 프로그램에 참석하던 첫날이었다. 점심을 먹고 쉬는 시간에 최근에 느끼는 이런 심정을 상담하고 조언을 구해봐야겠다는 생각이 강하게 들었고, 간단하게 메일을 보냈었다. 그리고 직장업무를 마치고 수업 장소로 이동 하려고 전철을 기다리는데 핸드폰을 안 가져온 것이었다. 순간 고민을 하다 늦더라도 가져가야 하는 상황이라 판단하고 집으로 뛰었다. 간신히 시간에 맞추어 전철을 타게 되었고 가는 도중에도 점심때 보낸 메일이 의식되고 괜히 보냈나 싶기도 하며 고민에 빠졌고, 일단 해보기로 한 거 적극적으로 해보자는 결정을 내렸는데 이번에는 가방을 놓고 내린 것이다. '오늘 내가 왜 이러나?', '이렇게 꼬이지?', '왜 나에게 이런 일이 생기지?' 등 의문과 부정적인 생각 속에서 조치는 해야 하고, 수업시간은 다가오고 일단 뛰어야했다. 전철 고객센터에 분실신고를 해놓고 부랴부랴 뛰어서 센터에 들어섰고, 조금 있으니 가방을 찾았다는 연락이 왔다. 뭔가 이유가 있겠거니 하고 긴장된 마음으로 수업을 들었고, 가방을 찾아 돌아가는 길에도 시간이 지체되어 막차를 놓쳤고 버스와 택시를 타고 늦은 시간에 도착하게 되었다. 그렇게 이틀 후 책 꿈디자인수업을 들으러 출발하는데, 이번에는 지갑을 회사에 두고 온 것이다. 가까운 곳에 회사가 있어 다행이었지만 혹시나 하는 마음에 마음을 졸이며 찾으러 갔고, 찾고 나서 안도의 한숨을 쉬었다. 그래도 이날은 평소보다 여유 있게 나와서 다급하지는 않았다.

그동안의 경험상 뭔가를 잃어버리는 것은 정신 차리라는 신호라고 생각해왔다. 내가 왜 이런 실수를 하게 되는지 생각을 해보고, 잃어버린 물건이 갖고 있는 상징적인 의미를 해석해보기도 한다. 잘 생각해보면 분명 이유가 있기 마련이다. 가만히 마음에서 들리는 소리에 귀 기울여보니, 쓸데없는 걱정하지 말고 지금 하는 것에 집중하라는 메시지를 받았다. 그리고 찾으러 가는 동안 '잃어버리면 어떻게 하나, 찾아야 할 텐데' 하며 간절하기도 했고, 그렇게 뛰어 다니며 부정적이었던 기운들이 사라지며 정신이 번쩍 들었었다.

지갑을 놓고 왔을 때는 심각하게 고민을 해보게 되었고, 찾아서 이동하는 동안에는 더욱더 강렬하게 책 쓰기와 1인 사업가로서 활동하는 영상들이 선명하게 그려졌었다. 가만히 생각해보니 며칠 전에 우주에 잠재의식의 창조적 지성에게 나에게 가장 좋은 길이 무엇인지 알게 해달라고 요청했던 기억이 났다.

각자에게 무엇이 되었든 자신에게 중요한 것 소중한 것을 잃어버리고 난 뒤에 심정을 상상해보라. 마음 조리며 긴장되어 그것을 찾으려고 애쓰는 동안 많은 생각을 하게 된다. 나에게는 이러한 방식으로 꿈이 더 명확해졌다.

사실 나는 아무것도 이룬 것이 없는 건강한 몸뚱이 하나가 전 재산인 30대 중반 청년이다. 이 글을 읽는 당신이 지금부터 내가 하는 꿈 얘기가 아무런 스펙도 없으면서 꿈이라며 허무맹랑한 현실성 없는 얘기나 늘어놓는다고 비판할지도 모르겠다.

하지만 지금의 나는 아무리 큰 꿈이라도 가능하다고 믿는 사람에게는 현실로 다가온다고 믿는다. 시간과 방식에 차이가 다를 뿐 그 계기는 분명히 만들어질 것이라 믿는다. 아직 시작도 하지 않은 단계이지만 이 길을 걸어간 선각자들에 뒤를 이어 1인 사업가로서 왕성하게 활동할 미래에 나의 모습을 그려본다.

그러한 의미에서 임원화 대표는 나의 롤모델이다. 그녀가 힘겨웠지만 꿈을 찾아 당차게 직장 밖을 행군했듯이 나도 그럴 수 있다고 생각하게 되었고, 고군분투하며 준비해보려 한다.

나는 독서, 꿈, 잠재의식, 성공학에 대한 동기부여가가 될 것이며 중독(술, 담배), 식습관(다이어트), 운동, 책 쓰기 등의 관련 분야에 효과와 필요성을 연구하고 프로그램을 만들어 1인 기업가로서 발돋움 할 것이다. 그리고 다양한 계층의 사람들에게 실질적인 자기계발에 참여하고 행복한 삶을 살 수 있도록 돕기로 했다.

혁신적이고 효과적인 많은 프로그램들이 쏟아져 나올 것이고 상품화될 것이다. 여러 계층의 사람들에게 컨설팅과 강좌, 테라피 형식으로 진행될 것이며 점차 대중화되고 인터넷상으로도 대량 보급될 예정이다. 1인 기업가로서 기반이 다져지면서 몇 년간 눈코 뜰 새 없이 바쁘게 지낼 것이다. 하지만 그 몇 년 간의 열정과 노력으로 부의 추월차선을 달리며 경제적인 자유가 생길 것이라 기대한다. 40세가 되기 전에 전반적인 많은 부분을 이뤄내고 책 쓰기와 후진 양성에 힘을 쏟겠다.

그리고 이런 과정 속에 가난과 결핍에 껍질을 벗어버리고 점차 부의 의식이 확장되어 풍요와 온전한 성공의 참된 의미를 깨닫게 될 수 있고, 풍요롭고 자유로운 경제 활동을 왕성히 할 수 있다고 생각한다.

이것이 지금 나에게 그려지는 꿈의 영상이다. 지금껏 경험해보지 못했던 강렬하고 선명한 장면이기에 가슴 벅차게 설레기도 하다. 그리고 그것은 명확한 목적의식을 갖게 해주었고, 무엇인가 알 수 없는 힘이 보태어져 나를 전폭적으로 지원하고 있다. 나는 반드시 내가 원하는 대로 살 수 있고 그렇게 되도록 할 수 있다는 것을 믿어 의심치 않는다.

5

라이프 밸런스 센터 설립으로
사회에 공헌하기

난생처음 이루고 싶은 꿈을 갖게 되고, 한 걸음 한 걸음 나아가다 보니 지금껏 살아왔던 과정들이 마치 하나로 이어져있다는 생각이 든다. 가난으로 찌들었던 가정환경 속에서 신문 배달로 모은 돈을 생활에 보태기도 했지만 배우고 싶은 것들을 틈틈이 배우기도 했었다. 남들은 집에서 학원을 보내주고, 교육에 신경을 써주는 것이 보통이었지만 자신을 돌보는 것조차 힘겨우셨던 부모님께는 기대하기 힘든 것들이었다. 중학교 1학년 무렵에는 운동을 배우고 싶은 마음을 주체하지 못하고 몰래 합기도를 배웠었고, 2학년 때는 컴퓨터를 배웠다. 당시 286, 386 컴퓨터가 막 보급되는 시점이었고 DOS나 정보통신 워드프로세서자격증 취득이 인기였다. 그리고 고등학교시절에는 새벽 신문 배달을 하고 나서는 집 근처 헬스장 문을 열고 공짜로 아침운동을 하고 등교를 했었다.

평범한 가정에서 태어났었더라면 배움에 대한 욕구가 이렇게까지 간절하지는 못했을 것이다. 초등학교 때부터 학창시절 내내 도시락을 못 싸가는 형편이어서 학교에서 제공하는 무료급식으로 선생님들과 같이 점심을 먹었고, 이곳저곳에서 지원해주는 장학금으로 학교를 졸업할 수 있었다. '어째서 우리 집은 이토록 가난하고 어려울까?' 하는 의문과 원망을 왜 하지 못했는지 잘 모르겠다. 아마 그럴 겨를 없이 먹고 살기 급급해서였을 것이다. 그렇게 경제적인 어려움을 겪으며 학창시절을 보냈고, 우연인지 운명처럼 들어가게 된 군대(UDU)는 육체적인 어려움과 한계를 극복하는 경험을 하게 되었다. 군 필역과 돈을 벌려는 목적으로 지원했었던 그곳에서 5년 동안 받았던 강한 훈련과 경험들은 나의 인생에 중요한 기점이 되었다.

제대를 하고 나서는 장남으로서 책임감을 갖고 집안을 꾸려나가야 한다는 정신적인 어려움으로 사회생활을 시작하게 되었다. 아버지는 오랜 세월을 술과 담배에 의지하며 몸과 마음의 병을 달래셨고, 나이가 드실수록 쇠약해지시다가 잦은 지병으로 작년에 돌아가셨다. "가난이 재난."이라는 말을 아버지의 인생을 통해 너무도 적나라하게 봐왔다. 아버지와 나는 온전한 정신일 때는 절친한 친구 같은 존재였지만 술이 들어가면 서로에게 고통을 주는 관계가 되곤 했다. 아버지의 임종을 보았을 때, 서러움의 눈물보다는 가난의 고

통과 고난에서 벗어나 아버지의 영혼이 이제는 평온하겠다는 안도의 한숨이 나왔고, 좋은 곳으로 가시라는 염원과 함께 눈을 감겨 드렸었다.

누구도 대신 살아 줄 수 없는 것이 인생이다. 아무리 안타까워도 내가 그 사람을 위해 대신 살아 줄 수 없는 것처럼 내가 할 수 있는 것은 나의 인생에 보다 충실하고 밝아져서 그 영향력을 사람들에게 미치는 것이다. 스스로의 인생을 돌보는 것은 의무이자 자신의 인생에 대한 책임이다. 이러한 의무와 책임이 있고 나서 서로 간에 좋은 관계가 유지될 수 있다고 생각한다. 어둠이 있기에 빛의 소중함을 알 듯 나의 어린 시절의 고난과 어려움은 그것을 헤쳐나가려는 열망과 성공을 찾아 나아가려는 행보를 더욱 단단하게 만들어주었다.

나에게 알라딘에 나오는 램프의 요정이 나타나서 무엇이든 이루게 해줄 테니 5가지 소원을 말해보라고 하면 지금 쓰고 있는 이 글들을 보여주며 우렁차게 읽어 주려 한다.

성공철학의 거장 나폴레온 힐의 저서 《놓치고 싶지 않은 나의 꿈 나의 인생》에는 '일주일 동안 100만 달러를 만든 사나이'라는 일화가 소개되어 있다. 훌륭한 교육자이기도 했던 프랑크 갠솔러스 대학시절 교육제도에 문제점이 많다는 것을 느꼈고, 교육제도 개혁을 통해 낡은 교육방법에 이끌리지 않고 뜻대로 교육할 수 있는 새로운 대학을 설립하기로 결심했다. 이 훌륭한 꿈을 이루기 위해는 100만

달러가 필요했고, 어떻게 돈을 마련할지를 염려하다 영감을 얻어 단호한 결심을 하게 되었다. 그 결심은 그 돈을 마련하는 것에 대해 염려하지 않는 것이었고, 결정한 기간 안에 반드시 그 돈을 만들겠다는 결심뿐이었다. 그러자 기묘한 확신이 들었고 차츰 일이 진전되었다. 그리고 '만일 지금 나에게 100만 달러가 있다면 무엇을 할 것 인가'라는 주제로 설교 준비를 하고 온 정성을 다하여 진지하게 자신이 설계한 이상을 설파했다. 그 설교를 마친 후 갠솔러스에 열정에 감동한 사업가에 도움으로 유명한 공과대학이 설립되었고 사회적인 공헌과 교육혁신이 이루어졌다. 이 일화를 통해 내가 생각하고 계획하는 꿈을 이루는 데 필요한 물질적인 제약을 배제할 수 있었다.

나는 다양한 계층의 사람들이 꿈을 갖고, 보다 행복한 삶을 살 수 있도록 도움을 줄 수 있는 '라이프 밸런스 센터'를 세우려 한다. 이 건물에 대한 구체적인 구상도 했다.

지하에는 주차장, 수영장과 휘트니스 시설을 갖추어 건강을 관리하고, 1층에는 대형 서점을 운영하여 책으로 꿈을 찾고, 삶을 개선해 나가길 바라며 2층에는 아이들에 미래와 꿈을 상담하고 교육하는 꿈 디자인 센터를 운영할 것이다. 3층에는 다용도 회의실과 강의하는 공간을 만들고, 소통할 수 있는 카페도 운영하면서 4층에는 청소년과 성인들에 중독(술, 담배, 마약 등)증 치료와 교육 프로그램을 운영하고, 5층에는 다이어트와 이상적인 식습관에 관한 프로그램으로 구성할 계획이다. 6층에는 여러 가지 운동, 스포츠, 레포츠에 정보를 접할 수 있고 참여할 수 있는 시스템을 구축하고, 7층에는 독서 모임과 책 쓰기 등 지적 문화 활동 시스템을 구축할 것이며 8층과 9층은 아직 구상 중이다. 아마도 많은 인원이 식사를 할 수 있는 식당과 내가 쉴 수 있고, 업무를 볼 수 있는 사무실이 되지 않을까 싶다.

한 치 앞이 보이지 않는 어두운 터널 속에서 한줄기 빛처럼 보였던 것들을 하나씩 쫓아 오다보니, 한 층 한 층 올라가듯 나의 인생에 변곡점들을 찍게 되었고 이제는 그 점들이 하나로 이어져 이와 같은 빅피쳐를 그리고 있다. 삶에 조그마한 의지만 있다면 자신의 인생을 바꾸고 가꿀 수 있는 '라이프 밸런스 센터'를 세우고 경영할 것이다.

물론 이런 큰 꿈을 이루려면 많은 노력과 돈이 필요하다. 수많은 선배와 동료들이 사고의 힘으로 부와 성공을 이루었듯이, 나는 이 원대한 원리를 이용해 끊임없이 생각하고 열심히 노력해서 현실로 이루어내기로 했다. 확실한 목표와 완전한 계획을 세워 끊임없이 상상하며 시각화하여 당장 내가 할 수 있는 것들을 찾아 하나씩 이뤄나가고자 한다.

인생을 살아가다 넘어질 때/ 시련을 피하지 말고 즐겨라./ 거친 파도를 피하지 않고/ 그 파도의 흐름을 즐기는 윈드서핑을 보라./ 파도는 그대를 더 빨리,/ 더 먼 곳을 데려다 줄 것이다./ 때로 살아가면서 주위 사람들로부터 듣게 되는/ 푸른 멍 같은 말 한 마디에 좌절하지마라./ 자신을 움직이는 힘은/ 자신의 내부에 있음을 망각하지 마라./ 대신 방향기 없이 바다위에 떠 있는 배처럼./ 목표 없이 인생의 바다에 아무렇게나 떠 있는/ 자신을 부끄러워 하라./ 시간은 냇물처럼 쉬지 않고 흘러간다./ 지금 그대가 헛되이 흘려보내는 시간 속에/ 인생을 빛나게 해줄/ 성공의 열쇠들이 함께 흘러가고 있음을 깨달아라.

　—김태광 〈시련을 피하지 말고 즐겨라〉

　　나에게 강렬한 동기부여를 해준 위의 시를, 현실에 부딪칠 때마다 상기하며 꿈을 향해 무던히 노력하고 싶다. 내 꿈은 내 이름으로 된 책을 쓰고 출판하여 메신저이자 강연가로서 활동하는 것이다. 나를 여기까지 오게 한 임원화 대표와 김태광 총수님, 한책협 식구들에게 너무도 감사하게 생각한다. 아직 이룬 것은 많지 않지만 나는 지금 그 꿈속에서 살고 있고 그 기분이 너무나 좋다. 꿈이 있는 인생과 없는 인생은 그야말로 가치를 매길 수 없을 만큼의 큰 행복감과 삶의 자세를 바꿔준다. 언젠가 힘에 겨워 꿈 밖으로 나오고 싶어질 때, 이 글들은 나에게 더없이 좋은 동기부여와 자극이 될 것이다. 그리고 지금은 하늘에 계실 아버지께 지금의 벅찬 마음을 이 글로 대신하며 안부를 전해드리고 싶다.

사람의 마음을 얻는 여성 리더

_박혜영

박혜형

자기계발 작가, 동기부여가, 전문비서 강사, 여성리더십 강사, 여성커리어멘토 메신저

고려대학교 교육대학원 평생교육학 석사 학위를 받았고, 14년 동안 국내, 외국계 대기업 회사에서 전문비서, 서비스 교육 기획, 프로그램 개발, 강사 양성을 위한 일을 해왔다. 여성들이 자신의 인생에서 꿈과 희망을 놓지 않고, 경력 단절을 극복하여 자신의 주체적인 삶을 살 수 있도록 도와주는 여성커리어멘토 메신저의 삶을 꿈꾸고 있다. 현재 여성들을 위한 자기계발서를 집필 중이다.

- E-mail_ jerucia@naver.com
- Blog_ http://blog.naver.com/jerucia

1

여성들을 위한
커리어멘토 메신저 되기

"과장님, 많이 바쁘시죠? 시간 되시면 티타임이나 점심 식사 가능하세요? 제가 개인적인 고민이 있어서……."

"무슨 일 있니?"

"요즘 조금 고민되는 일이 있어서요. 큰일은 아니고 과장님께 조언 좀 듣고 싶어서요."

올 초 공채로 입사해서 제법 똑똑하고 야무지다고 윗분들에게 칭찬 받는 대리 2년차 여자 후배에게 카톡이 왔다.

뭔 고민인지 생각이 들면서 후배를 만났다. 후배가 하고 있는 고민의 골자는 자신의 미래가 잘 안 보인다는 것이었다. 이렇게 회사

생활을 해 나가면 되는 건지, 자기가 미래를 위해 어떤 준비를 하는 게 맞는 건지 조언을 좀 해 주었으면 좋겠다는 것이었다. 그러면서 책도 읽어 보고 했는데, 딱히 누구하고 의논할 사람도 없고 답답해서 나한테 카톡을 보냈다고 얘기했다. 사실 내가 몸담고 있는 회사는 그때 당시 매각 소문이 돌며 말이 많았던 시기여서 후배의 고민은 어찌 보면 당연한 것이라고 생각이 들었다. 나는 그때 후배에게 물었다. "너는 인생에서 최종 목표가 뭐니?" 그녀는 쉽게 대답하지 못했다. 그냥 직장생활 하면서 자신은 이것저것 많은 경험을 해 본 후 교육 전문가 쪽을 생각하고는 있었는데 솔직히 잘 모르겠다고 말했다. 나는 그녀에게 직장생활 10여 년의 선배로서 나의 경험을 바탕으로 내가 알고 있는 지식선상에서 그녀에게 조언 아닌 조언을 해 주었다.

그때 당시 대학원 마지막 학기를 다니고 있었고 논문학기임에도 불구하고 '성인학습 세미나'라는 수업을 듣고 있었다. 그 수업을 들었던 이유는 우리나라 성인교육 특히 기업교육의 선구자라고 할 수 있는 교수님의 수업이었기 때문이었다. 졸업하기 전에 한 번쯤은 그 교수님의 수업을 듣고 졸업을 해야 되겠다고 생각했었다.

그 수업에서 교수님께서 첫 수업에 우리에게 시키신 것이 3년 후 목표에 대해 크게 5가지 영역 Family(가족), Career(일, 경력), Educational(교육), Health(건강), Spiritual(영성) 로 나누어서 그 목표의 이점에 대해서 적어도 20가지 이상을 적어보라고 하셨다. 어떤 목표가 있다면 그 목표를 이루려면 적어도 30가지 이상의 이점이 있을 때 동기부여를 갖게 된다고 설명해주셨다. 그만큼 목표를 쓰는 건 그리 어렵지 않지만, 그 목표를 이루기 위해 자기 자신에게 동기부여하는 것이 어렵다는 것이었다. 생각보다 이점을 30가지 이상 적는 것은 절대 쉬운 일은 아니었다.

나는 수업시간에 내가 교수님께 배운 부분에 대한 것을 후배에게 한번 해보라고 했다. 그리고 평소에 자기계발할 수 있는 부분에 대한 몇 가지 조언을 해주었고, 그녀에게 지금 그 나이에 그 시기에 그런 고민을 하는 것은 굉장히 좋은 것이라고 그녀를 격려하며 조급해하지 말라고 얘기해주며 마무리했다. 후배는 답답함이 좀 풀린 것 같다며 나에게 고맙다고 웃으며 내가 이야기한 부분에 대해 바로 한번 실천해보겠다고 했다.

나는 현재 육아휴직 중이다. 출산 후 몸은 예전 같지 않고, 복직 후 회사생활은 큰 변화로 여러 가지 스트레스를 받고 있었는데 설상가상으로 올 초 예상치 못한 계류유산을 하게 되면서 나의 정신과 육체는 극도로 쇠약해져 갔다. 이렇게 직장생활을 계속한다는 것은 좋지 못한 생각이라고 남편과 의논하여 일단 쉬기로 했다.

그러나 나는 논문을 마무리하고 대학원을 마치고 싶다는 생각이 간절했기에, 휴직 기간 동안 논문을 잘 마무리해서 대학원을 졸업하게 되었다. 졸업을 하고 나는 나의 미래에 대해 좀 더 심도 있게 고민을 해보았다. 그리고 비록 졸업은 했지만 교수님께 부탁을 드려 '경력개발 세미나' 수업을 듣게 되었다.

교수님은 2주에 한 권씩 책을 읽고, 정리하는 과제를 내주셨다. 바쁜 생활 속에서도 과제 때문에 의도적으로 2주에 1권씩 책을 읽었고, 1년 정도 하게 되니 어느새 독서 습관이 생겼다. 그리고 경력 개발 수업에서 2주에 한 권씩 자서전을 읽고 정리하는 과제를 통해 책은 나에게 많은 깨달음과 삶의 방향을 제시해주었다.

그리고 자신의 좀 더 나은 미래를 위해 직장을 다니면서 대학원까지 다니거나, 다른 일을 해보기 위해 다시 공부하고 있는 여자 후배들에게 나의 경험담을 들려주기 시작했다.

그녀들은 자신의 주변에는 이런 얘기를 해 줄 사람이 없고, 특히 직장에선 '멘토'로 삼을 만한 여자 선배가 없다고 했다. 그리고 책을 보면 성공한 여성들은 자신과 주위 환경부터 너무 다르고 공감이 좀 되지 않고 이질감을 느낀다는 것이었다. 성공한 여성들은 대부분 명문대 엘리트 코스를 밟은 여성이거나 대부분 기업의 여성 CEO들, 혹은 엄청난 드라마틱한 삶을 사셨던 여성분들이다 보니 자신들처럼 평범한 직장인들에게 공감은 조금 어려운 것 같다는 얘기였다. 그리고 그녀들은 나에게 다음에 다시 시간을 내서 좋은 얘기를 더 해 주었으면 좋겠다고 부탁했다.

주위에 안타깝게도 육아를 도와줄 손이 없어 직장을 그만 두는 여러 선후배들을 또 보게 되었다. 물론 나 또한 임신, 출산, 육아를 경험하면서 지금의 직장생활을 앞으로 계속하는 것이 얼마나 가능할지를 고민했다. 앞으로 100세 시대를 살아가면서 적어도 60~70세까지 경제적 유지를 위해 평생 직업으로 삼아 내가 하고 싶고 할 수 있는 일은 무엇이 있을지 생각하게 되었다. 그리고 치열하게 고민하고, 앞으로 나의 경력 관리를 위해서 내가 무엇을 해야 하며 나의 소명은 무엇인지, 진정 내가 뭘 원하는지를 찾는 시간을 가지게 되었다.

원래 직장생활을 내가 할 수 있는 만큼 한 후, 나의 경력을 기반으로 전문 강사를 할 커리어 플랜을 가지고 있었다. 나는 사회생활을 비서실을 입사하면서 시작하였고, 8여 년의 비서 경험을 바탕으로 직장과 외부에서 전문비서강사로 활동하고 있었고, 6여 년은 조직에서 서비스 교육 업무를 했었다. 이러한 나의 경력을 바탕으로 추후 비서와 서비스 강사 시장 쪽에서 일을 할 계획이었다. 그러나 이런 나의 목표는 단지 목표를 실천하는 것만으로는 무엇인가 부족하다는 생각을 하게 되었고, 나의 목표를 이루기 위해선 나의 꿈, 나의 소명이 무엇인지가 먼저 명확해야 한다는 것을 생각했다.

우리는 항상 무엇인가를 할 때, 'What'(무엇), 'How'(어떻게)에만 초점을 맞춰서 한다. 내가 전문 강사가 되겠다는 것은 단지 'What'에만 해당되는 것이었다. 그런데 인생에서 우리가 무엇을 실천하기 위해서 가장 중요한 것은 바로 'Why'(왜)이다. 내가 이 일을 해야 하는 이유가 분명하지 않다면 그것은 결국 제대로 실현되지 않기 때문이다. 그리고 또한 실현이 되더라도 결코 크게 성공적으로 끝나진 않는다.

'Why'를 가장 잘 실천한 기업이 있다.

우리가 너무나도 잘 알고 있는 아이폰으로 유명한 애플사의 고(故)스티브 잡스는 이 'Why'를 가장 잘 실천한 인물로 애플은 다른 기업들이 'What'과 'How'에만 집중해서 고객과 소통할 때, 애플사는 고객들에게 'Why'로 커뮤니케이션 했다. 우리는 애플의 광고를 보면 참 신선하다는 생각을 많이 한다. 애플은 고객들에게 "우리가 하는 모든 일은 우리가 믿는바, 즉 현실에 도전하기 위함입니다. 우리는 '다르게 생각하기'의 가치를 믿습니다. 우리가 현실에 도전하는 방식은 모든 제품을 유려한 디자인, 편리한 사용법, 사용자 친화적으로 만드는 것입니다."

이렇게 고객들에게 그들의 '신념'을 보여주며 '왜' 이 제품을 만들었는지 동기와 목적을 충분히 설명하며 제품의 장점을 말하고 구입해 보라고 권한다. 애플사의 제품들, 아이팟, 아이폰 등은 이러한 이유로 전 세계적으로 크게 성공을 이루었고, 애플 제품을 사용하는 추종자들이 어마어마하게 전 세계적으로 있다. 사람의 인생이든 기업의 제품이든 가장 중요한 것은 '사람의 마음'을 얻는 것이다.

나는 인생에서 수많은 여성들이 자신의 일에서 'Why'를 찾지 못하기 때문에 자신의 일을 포기하게 된다고 생각한다. 그래서 나의 인생에서 'Why'를 찾은 것처럼 대한민국의 수많은 여성들이 자신의 일에서 'Why'를 찾을 수 있도록 돕고 싶다. 여성들이 자신의 일을 사랑하고 자신의 꿈을 포기하지 않도록 자신의 경력관리를 잘해서 자신의 일을 포기하지 않도록 코칭 해주는 삶을 살 것이다. 나는 대한민국의 모든 여성들이 자신의 일과 가정에서 'Why'를 찾아 행복하길 꿈꾸며, 그녀들의 삶에 도움이 되는 강연과 저서로 동기부여를 해줄 수 있는 메신저로 살아가기로 했다.

2

최고의 강연가로 TED에 출연하기

"Jenny, your voice sounds like baby(제니, 너의 목소리는 아기처럼 들려)."

내 나이 27살, 잘 다니던 직장을 그만두고 나에게 더 큰 경험을 해 볼 기회와 영어를 제대로 한번 마스터 해보고 싶다는 생각에 무작정 영국행을 결정했었다. 그리고 내가 살게 된 영국 가정의 8살 난 꼬마 루크가 나의 영어 발음을 비웃으며 했던 말이다.

나는 원래 외국계 회사 비서로 사회생활을 하고 싶었으나 번번이 최종면접에서 경력이 없다는 이유로 미끄러지면서 일단 경력을 쌓는 것이 중요하다고 생각되어 한국기업에 입사했었다. 첫 직장에서

2년 반 정도 일을 하고 난 후 나는 영국행을 결정했다. 그 이유는 직장에서 나의 발전이 없어 보였고, 외국계 회사 비서로 가고 싶은 열망이 더 강해졌기 때문이었다. 그런데 나의 영어 실력이 유창한지에 대해선 자신감이 조금 떨어졌었다. 그때 당시 집안 형편이 좋지 않아 집에서 반대 할 걸 알았기에, 나는 집에다 의논하지 않고 "다음 달에 영국 갑니다. 학교 입학허가서랑 가서 지낼 곳은 다 확정됐으니 너무 걱정 마세요. 제가 경비는 알아서 준비했어요. 내년에 올게요."라고 무작정 통보를 했다. 나는 원래 하고자 하는 것이 분명하면 일단 저지르고 보는 성격이라 영국행을 결심하고 한두 달 만에 바로 영국행 비행기를 탔다.

나는 학교 다닐 때 공부를 그렇게 잘 하는 편은 아니었다. 그리고 나의 고등학교 시절 아버지의 사업이 실패하면서 집안 형편은 어려워졌고, 그때 당시 나의 어머니는 내가 대학을 붙어도 등록금 걱정, 떨어져도 걱정인 상태였다. 부산에 있는 국립대를 가는 것이 집안에 부담을 덜 수 있었고, 특정 대학에 들어가야 되겠다는 목표도 없었기에 무난한 선택을 했다. 국립대는 사립대에 비해 등록금이 반도 안 되는 수준이어서 대학을 졸업할 때까지 장학금과 아르바이트로 등록금은 해결하며 대학을 졸업했다. 그래서 어학연수나 배낭여행 같은 건 생각해 볼 여유가 없었다.

그러나 마음속에는 서른이 되기 전에 외국에서 한번 나가 살아보고 싶다는 열망이 계속 있었고, 결국 영국으로 떠나게 된 것이다. 영어를 배우기 위해선 미국도 있고 호주, 뉴질랜드도 있는데 영국행을 택한 데에는 나의 급한 성격이 한몫했다. 그때 당시 미국이나 호주 등의 국가는 비자를 받아서 가야 되기 때문에 한국에서 준비 기간이 많이 필요했고, 영국은 학교 입학허가서만 있으면 입국 시 학생비자를 받을 수 있기에 영국행을 결정했다. 그리고 영국은 유럽에 있으니 영국에 간 김에 유럽여행도 해 볼 계획이었던 것이다. 그러나 영국은 물가가 비싸기 때문에 돈이 많이 든다는 단점이 있기는 했다.

나는 솔직히 그때 당시 돈이 별로 많지 않았기 때문에 학교 입학금과 석 달 치의 생활비만 가지고 무작정 비행기를 탔고, 8개월 코스의 학교에 입학했다. 그러나 운 좋게도 내가 다니던 학교에선 레벨 테스트를 통해서 영국인 가정에 아이를 돌보면서 그 집에서 같이 사는 프로그램을 지원하고 있었다. 영어를 배우기 위한 외국인은 그 집에서 지내며 아이들의 등하교를 도와주고 부모님이 오기 전까지 소위 유모 같은 역할을 하는 것이었다. 나는 다행히 인터뷰를 통과해서 석 달 치 생활비가 끝나갈 때 쯤 아이가 셋인 평범한 영국인 가정에서 같이 살게 되었다.

그때 8살짜리 루크란 남자아이가 나에게 했던 말이 바로 목소리가 애기 같다는 것이었다. 자존심이 엄청 상했다. 근데 생각해 보면 보통 우리도 한국에 온 외국인이 한국말 하는 걸 들어보면 어눌하게 애기 같이 말한다고 생각을 많이 하는데, 사실 내가 외국에 있을 땐 그들의 입장에선 애기 같이 들리는 게 당연하지 않나 싶다. 그때 나는 그 8살짜리 꼬마에게 매일 나의 영어 발음에 대한 지적을 당하면서 자존심 구기며 생활을 했었다.

그리고 한국에 귀국해서 원하던 외국계 회사 비서로 일을 시작했다. 1년 정도 영국에 있었다고 나의 영어 실력이 월등히 높아지지는 않았다. 단지 파란 눈에 대한 공포만 좀 줄어들었을 뿐이고, 예전과 달라진 점이라곤 모르는 것에 대해 좀 더 모르는 이유와 설명을 할 줄 아는 자신감이 생긴 정도였다.

외국계 회사 비서였기 때문에 대부분의 사람들은 내가 굉장히 영어를 잘 할 것이라고 생각했다. 물론 내가 다녔던 세 번째 직장의 비서들은 대부분 미국이나 호주에서 어릴 때 살거나 대학을 나왔거나, 이민 세대들이 많았고 아니면 이대 비서학과 출신들이 대부분이었다. 지방 국립대 출신의 비서는 나 혼자였지만 유일하게 비서로서는 경력 5년 이상의 전문비서로 헤드헌팅사를 통해 입사했었다. 그때 당시 영어는 나에게 필수였고 일종의 스트레스이기도 했다. 아무래도 외국에 살다 온 친구들과 비교하면 영어 실력이 현저히 떨어졌기 때문이다. 비서를 그만두고 나서는 자연스레 영어를 쓸 기회가 없다 보니 요즘은 영어 단어도 가물가물하다. 뭐든지 쓰지 않으면 녹슨다고 하는데 나의 영어 실력도 이제는 녹슬어버린 것 같다.

그런데 대학원을 다니면서 다시 영어를 맞닥뜨리게 되었다. 그리고 수업시간에 부수적으로 TED 동영상을 보는 수업이 있었는데 그때부터 다시 영어에 대해 관심을 가지게 되었다.

나는 여성 커리어 멘토 메신저로 최고의 강연가로 인생을 살고 싶다는 계획을 세운 순간, 한국에서 뿐만 아니라 'TED'에도 출연할 수 있는 능력 있는 역량을 갖춘 강연가가 되자고 생각했다. 꿈은 크게 가져야 한다고 생각한다. 나는 이제까지 항상 나의 꿈에 한계를 지어놓고 내가 할 수 있을 만큼의 꿈만 꾸었었다. 그런데 이제 마흔이 다 되어 가는 시점에 드는 생각은 꿈에는 절대 한계성을 긋지 말고 가능한 한 크게 가져야만 한다는 것이다. 꿈을 크게 가져야 더 큰 성장과 발전이 따른다고 깨달았다. 'TED'를 보고 있으면 영어를 잘 하지 못하는 사람도 자신만의 콘텐츠로 자신의 생각을 진실되게 전달하는 외국인들이 많다.

나는 개인적으로 여성들의 커리어에 대한 관심이 많다. 어느 날 대학원 수업에서 교수님이 'TED' 동영상 중 여성들이 자신의 커리어에서 성공하지 못하는 요소에 대한 강연을 보여주신 적이 있었다. 나는 그 강연을 보면서 소위 선진국이라고 말하는 미국에서도 여성들이 커리어 개발을 제대로 하지 못하고 그것에 대한 연구를 수십 년째 하고 있다는 것을 알았다. 그리고 여성의 사회적 성공은 선진국을 막론하고 전 세계적으로 아직은 쉽지 않다는 것을 정확하게 알 수 있었다.

나는 페미니스트는 아니다. 남녀평등을 부르짖고 여성의 인권을 내세워 여성운동을 하자고 하는 사람도 아니다. 단지, 여성은 남성과 달리 생물학적으로 다르고 임신, 출산, 육아를 통해 경력단절이 생길 수 있으며 고대사회에서부터 자리 잡아온 남성 중심 사회에서 여성이 바로 서야 한다는 것을 이 땅에 있는 모든 사람들이 알아야 한다고 생각할 뿐이다. 그러려면 앞으로 이 사회에서 좀 더 자신의 권리를 주장하는 여성 리더들, 여성 멘토가 많아야 한다고 생각한다.

내가 'TED'에 출연 한다는 것은 나의 영어 실력보다는 나의 콘텐츠가 좋고, 그 내용이 세계적으로 공감이 갈 수 있을 만한 내용을 갖추었을때 가능하다고 생각한다. 앞으로 책읽기와 꾸준히 영어 공부하는 습관을 가질 것이다. 한동안 손 놓았던 영어 공부를 나의 꿈을 이루기 위해 다시 불을 지펴보려 한다. 대한민국에서 최고의 강연가가 되면 세계에서도 최고가 될 수 있다고 확신한다. 가장 한국적인 것이 가장 세계적인 것이 될 수 있다. 나는 꿈을 크게 가지고 상상할 것이다. 'TED'에 출연하는 그날을 꿈꾸며 오늘도 최선을 다한다.

3

여성 커리어 코칭 리더십 센터 세우기

어떤 일을 행함에 있어 리더십은 굉장히 중요하다. 자기 자신을 제대로 세우는 셀프 리더십부터 조직에서는 팀 리더십, 감성 리더십, 섬기는 리더십 등 굉장히 많은 종류의 리더십 이론들이 전파되고 있다. 나는 14여 년의 직장생활을 통해 여성이 남성에 비해 조직에서 큰 빛을 못 보는 이유는 사회구조도 한몫 하지만 여성들의 리더십 부족이 가장 큰 원인이라는 생각을 했었다. 그러나 나의 단순한 여성 리더십 부족에 대한 편견을 다른 관점에서 갖게 해 준 강연이 하나 있었다.

몇 달 전 수업에서 여성 리더십 전문가인 수잔 콜란투오노 박사의 '아무도 말해주지 않았던 경력에 관한 조언'이라는 동영상을 시청하게 되었다. 수잔 박사가 10여 년 동안 중간관리자 여성들을 대상으로 '여성이 왜 임원이 되기 어려운지'에 대한 연구 결과를 발표한 강연 영상이었다. 여성은 중간관리자 및 전문가의 50%를 차지하고 있지만 조직의 상위에 있는 여성의 비율은 삼분의 일도 되지 않는다. 이 영상은 "왜 우리는 소수의 여성 지도자만 갖는가?"에 대한 의문으로 시작되었다. 나 역시 이런 의문을 가지고 있었기에 굉장히 호기심 있게 이 강연을 시청하게 되었다.

그녀는 여성들이 조직에서 배우지 못하는 것이 Business(사업에 대한 큰 그림), Strategic(사업적 전략), Financial Acumen(재무적 통찰력)이라는 것이었다. 그녀는 여성들이 경력성공방정식에서 잃어버린 이 33%는 최고 위치의 성별격차를 줄이기 위해 필요하다고 설명하였다. 그리고 여성들은 능력이나 역량에서 사실 이것을 잃어버린 것이 아니고, 단지 충고를 듣지 못했기 때문이라고 말한다.

조직은 여성 직원들에게 40여 년 동안 전통적인 충고를 해왔으나 그 조언에는 사업과 전략 및 재무 통찰력에 대한 내용이 없었고, 대부분 개인적인 면모에 치중했다는 것이다. 예를 들면, 조직은 여성들에게 더 적극적으로 활동하고, 자신감을 갖고, 개인 브랜드를 발전시키라고만 충고한다. 그리고 팀원들과의 협업이나 동기부여나 멘토링 제도, 인맥형성에 관한 부분만 강조한다. 이러한 조언들은 경력 시작부터 중간관리자까지는 중요한 요소임에 틀림없지만 여자가 50%의 중간관리자로부터 상위 이사 위치로 갈 때 도움이 되는 조언은 아니라는 것이다.

40년 동안 여자에 대한 전통적인 조언이 상위 직급에서 성별 격차를 좁히지 못했는지 잘 알 수 있는 부분이었다. 조직에서 상위 위치에 있는 대부분의 남성 멘토들은 남성에게는 사업을 배우도록 도와주고, 여성에게는 자신감을 심어주는 형태의 멘토링을 실시한다. 그러나 정작 직원들은 남녀직원을 다르게 취급하고 있다는 사실을 모르는 경우가 많다는 것이었다.

여성 중간 관리자에게 멘토링을 할 때, 상위 위치로 가기 위해 실질적으로 필요한 '비즈니스, 전략, 재무적 통찰력'에 대한 조언을 하지 않는다고 수잔 박사가 통계적 수치로 발견하였다고 한다. 여성이든 남성이든 우리는 남성과 여성의 지도자 경력에 대해 고정관념이 있다는 점을 밝혔다. 그리고 그 고정관념은 상위층의 성별격차를 좁히지 못하는 원인이라고 설명하였다.

이 강연을 보고 나는 다소 충격에 빠지기도 했다. 조직에서 현재 중간관리자의 입장에 있는 나는 솔직히 너무나도 공감이 가는 내용이었기 때문이었다. 나는 조직에서 상사로부터 비즈니스, 전략, 재무석 통찰력에 대한 조언을 들어 본 적은 없었다. 그리고 나의 경우는 오히려 사업적인 큰 그림에 대한 제안을 했다가, 일개 실무자가 너무 큰 그림을 그린다는 비난 아닌 비난도 받았던 일이 있어서 꽤 쓸쓸한 기억도 났다.

나는 이 강연 영상을 통해 'Leading Women(선도하는 여성들)'의 설립자이며 CEO인 수잔 박사가 얘기하는 50%이상의 여성 중간관리자들이 상위 직급으로 넘어가지 못하는 이유에 대해서 정확히 이해할 수 있었다. 그리고 나의 현재 상태, 조직에서 굉장히 어정쩡한 상태에 대한 이해도도 높아졌고, 내가 앞으로 나의 경력 신장을 위해 무엇을 해야 하는지도 배우게 되었다. 조직에서 수잔 박사가 얘기한 여성들이 잃어버린 33%에 대한 정확한 인지를 하게 된다면 분명히 여성들의 경력신장에 도움이 되며 상위층의 성별격차를 줄이는 데 도움이 될 것이라 생각했다.

나는 생각의 꼬리를 물다가 결국 여성 리더들이 더 많은 조직에서는 이러한 성별 격차가 좀 더 줄어들 수 있을 거라는 생각에 이르게 되었다. 실질적으로 세계 성(性) 격차 지수 보고서 상위에 랭크된 아이슬란드, 핀란드, 노르웨이의 기업 구조를 보면 명확히 알 수 있다. 노르웨이는 법률상 기업에서 여성 임원을 40% 이상 선출해야 한다는 '쿼터제'를 도입하고 있다.

나는 여성의 사회적 성공에 아직도 많은 걸림돌이 되고 있는 부분에 대한 근거를 조금 더 찾아보고 싶어 자료를 찾아보았다. 영국의 경제 전문지인 〈이코노미스트〉가 26개국 OECD 국가들의 유리천장 지수 결과를 2013년 3월에 발표했었다. 미국이 12위라는 것이 다소 놀라웠다. 미국은 세계 1위의 강대국이지만 여성이 사회에서 성공하는데 장벽이 되고 있는 유리천장의 지수가 다소 높았기 때문이었다. 그리고 미국 또한 여성보다 남성이 멘토를 구하고 유지하기가 쉽다는 연구결과였다. 여성 롤모델이 부족하다는 것이다. 실제로 미국 12대 최고 경영학교를 졸업한 여성들이 MBA학위 과정 중 부딪히는 장벽 중 최우선을 꼽는 것이 바로 '여성 롤모델의 결핍' 이라는 것이었다.

우리나라의 경우는 더 심각하다. 한국은 OECD 국가 중 100점 만점에 14점을 받으며 꼴찌를 기록했다. 〈아시아경제신문〉과 한국여성벤처협회가 중소기업 여성 CEO 100명을 대상으로 설문 조사한 결과 롤모델이나 멘토가 있다는 응답은 47%에 그쳤고, 나머지 53%는 롤모델이나 멘토 없이 경영활동을 하는 것으로 나타났다. 그리고 여성들은 남성들에 비해 인적 네트워크가 부족하다는 의견이 78%에 해당된다고 하였다. 남성 중심의 조직문화가 여성 롤모델의 부족을 불러왔다.

나 역시 조직에서 14년 동안 몸담고 있었지만 솔직히 여성 롤모델을 찾는 것은 너무 어려웠다. 이런 점에서 후배들이 나에게 자신의 경력개발에 관한 질문들을 해올 때, 적어도 나는 그들에게 도움이 되는 조언을 해줄 수 있는 선배가 되고 싶었다. 후배들에게 간혹 받는 질문에 좀 더 실질적으로 도움이 되는 조언을 해줄 수 있는 선배가 되고 싶다.

나의 이러한 생각에 조금은 도움이 되는 책을 접하게 되었다. 대한민국에서 19명의 여성 CEO들이 말하는 성공을 위한 7가지 키워드를 얘기 해주는 《7cm 하이힐의 힘》이라는 책이었다. 이 책은 실질적인 여성 롤모델의 부재에 대해 답답해하던 나의 마음에 단비 같은 얘기를 전달해주었다. 적어도 우리나라에서 성공한 여성 CEO선배들은 다음과 같이 조언을 하였다.

"첫째, 롤모델과 멘토에 대한 시각을 넓혀 '최초의 여성'으로 성장한다면 바로 당신이 후배 여성의 훌륭한 롤모델이 될 수 있다. 둘째, 롤모델과 멘토를 자신의 꿈, 목표와 같은 분야로 한정할 필요도 없다. 셋째, 스스로 롤모델과 멘토가 될 필요도 있다."

이 부분을 읽는데 가슴이 뛰었다. 여성들이 자신의 커리어를 잘 살려 자신의 꿈과 희망을 찾을 수 있는 일에는 절대적으로 여성 롤모델이 많이 있어야 한다고 생각했기 때문이다. 그리고 그 기본 바탕에는 리더십이 갖추어져야 된다는 것이 나의 기본 생각이었다. 우리가 어떤 사업을 하던 개인의 어떤 목표를 성취하기 위해 가장 먼저 하는 것이 성공한 롤모델을 찾아 '벤치마킹'하는 것이다. 여성들이 자신의 일에서 성공하기 위해서는 사회적으로 성공한 여성 롤모델이 많이 있어야 한다. 물론 여성의 삶에서 사회적으로 성공하는 것이 반드시 인생의 성공이라고 생각하지는 않는다. 그러나 적어도 자신의 분야에서 최고가 되기 위해서는 자신의 행보를 따를 수 있는 좋은 본보기가 되는 행동들을 해야 한다. 자기 스스로 벤치마킹의 대상이 될 수 있는 사람이 되어야 한다.

대한민국에는 수많은 똑똑한 여성들이 있다고 생각한다. 그런 그녀들이 더 넓은 세상에서 자신의 경력을 개발할 수 있도록 돕고 싶다. 그렇게 되면 자연히 여성 리더들이 많이 생기게 되고, 여성 리더들은 후배 여성들을 위해 롤모델이 되어줄 것이다.

앞으로 나는 여성들이 자신의 커리어에 대해 좀 더 진지하게 고민하고 개발하기 위해 노력할 수 있는 공간을 마련하고, 훈련할 수 있는 프로그램을 개발하고자 한다. 그리고 자신의 커리어를 잘 살려 성공한 여성 리더들이 다른 여성 후배들에게 나눠줄 수 있는 그런 장을 마련하는 데 일조하고 싶다. 그렇게 되기 위해서는 나부터 여성 리더가 되기로 결심했다.

4

건강한 체력으로 꿈을 이루는 삶 살기

"내시경 결과 큰 이상은 없는 것 같습니다. 갑상선도 큰 문제는 없네요."

"근데 왜 저는 매일 속이 쓰리고, 목은 부은 것 같이 단단하고 쉽게 피곤하고 그럴까요?"

"최근 신경 쓰는 일이 많으세요? 스트레스 받는 일이 많으면 몸에서 이렇게 이상 신호를 보내죠. 그래도 일단 검사 결과 큰 이상은 없으니깐 다행이죠."

올 초 병원에서 의사와 나누었던 대화이다.

올 초부터 나는 위, 대장, 갑상선, 유방암, 자궁경부암 등 나의 몸에 이상이 있다고 생각되는 것들에 대해 검사를 받았다. 결과는 다 특별한 이상은 없다는 것이었다. 그런데 왜 난 이유 없이 몸이 자꾸 아플까? 출산을 하고 난 이후에 골반이 틀어져 정형외과에서 교정도 받고, 피부는 알레르기성으로 두드러기가 나고, 입술은 퉁퉁 부어오르고, 나의 몸은 정말 총체적 난국이었다. 내과, 피부과, 정형외과, 산부인과, 신경외과, 한의원 등 안 가는 병원이 없었다. 몸이 아프니 짜증도 늘게 되고, 회사에선 제대로 일을 못하게 되니 점점 더 위축되었다. 한 파트의 장으로서 팀원들을 제대로 케어하지 못하는 나 자신에 대해 점점 화가 나기 시작했다. 가정에선 좋은 엄마, 좋은 아내가 되지 못했다. 이러한 상태가 몇 달간 계속되니 도저히 일상적 생활이 되지 않았고, 결국 건강상의 문제로 잠시 직장을 쉬기로 했다.

쉬면서 곰곰이 생각해보았다. 도대체 이렇게 아픈 이유가 무엇이었을까? 지금까지 내가 내린 결론은 이러하다. 첫째, 내가 아팠던 이유는 나의 못돼 먹은 성격 때문이다. 둘째, 그 다음 가장 큰 이유는 나의 미래에 대한 정확한 비전이 보이지 않는 것에 대한 불안감이 표출되었던 것이다. 임신과 출산 이후 13개월 만에 복직한 회사는 내가 출산 전에 다녔던 그 분위기가 아니었다. 회사의 환경은 많이 바뀌었고, 일하던 동료도 많이 바뀐 환경에서 내가 속한 조직의 비전이 보이지 않아 답답했었다. 매일매일 내가 발전하지 못하고 점점 퇴보되고 있다는 느낌이 드는 걸 견딜 수가 없었다. 출산 후 일을 쉬어서 그런지 일하는 감각도 예전 같지 않은데다 회사 분위기까지 안 좋으니 아침에 출근하는 것이 더더욱 즐겁지 못했다. 조직에서 나의 미래가 밝아 보이지 않은 것에 대한 예감이 점점 더 나를 아프게 만들었다.

나의 생활이 즐겁지 못하니 내 안의 부정적인 생각들이 자꾸 커져만 가고 스트레스를 받고 있었다. 더군다나 회사를 단지 경제적 수단으로 다니기 시작하니 더 괴로웠다. 결혼해서 아이를 낳고 직장을 다녀보니 일에 대한 나의 생각은 예전과 같지 않았다. 직장을 한 번도 경제적 이유로 다닌다는 생각을 해본 적이 없었는데, 한 아이의 엄마가 되어보니 직장을 다니는 목적에 경제적인 이유가 가장 큰 영향을 미쳤다. 그리고 나의 인생 로드맵에서 그렸던 미래를 위해 예정된 시간들은 점점 다가오고 있는데, 나 자신이 아직 준비가 되지 않은 상태에서 두려움만 자꾸 커갔다. 이러한 이유들이 자꾸 나를 아프게 만들었다.

쉬면서 앞으로 나의 미래를 어떻게 준비해야 할지에 대해서 다시 하나씩 생각해보았다. 우선 체력을 키우기 위해 정형외과에서 교정 치료를 받으며 운동치료를 병행하고, 요가 수업을 받으며 육체적으로 건강해지기 위해 노력했다. 그리고 대학원 졸업을 마쳤으나 나의 지적 자극을 위해 존경하는 교수님께 부탁하여 '경력개발 세미나'

라는 수업을 듣고, 나의 경력개발을 어떻게 해야 할지 고민을 하며 정신적 체력을 단련했다. 그러다 우연히 〈한국 책쓰기·성공학 코칭협회〉를 알게 되어 책 쓰기 과정을 배우면서 나의 꿈에 대해서 다시 한 번 재정비해볼 시간을 가지게 되었다. 그리고 감사하게도 나는 나의 꿈과 미래에 대해서 다시 그림을 그릴 수 있었다.

사실 이제까지 나의 사회생활은 나름대로 내가 그린 로드맵대로 하나씩, 하나씩 완성되어 왔다고 생각했었다. 전문비서로 인정받고 전문비서 강사로 활동하며 조직에서 교육을 할 기회를 얻었고, 대학원을 졸업하고, 조직생활을 14여 년을 하면서 잘 준비해서 추후 직장을 그만두게 되면 프리랜서 강사로 강의할 계획을 가지고 있었다. 그런데 결혼을 하면서 임신, 출산, 육아를 하면서 나의 몸은 예전 같지 않았고, 조직에서 좀 더 편안하게 지내며 좀 더 오래 소속되어 있자는 생각에 나의 꿈을 잠깐 접어 두고 있었던 것이다. 이러한 나의 미래에 대한 불투명한 자세가 결국 나를 아프게 만들었던 가장 큰 요인이었다.

나는 나의 꿈을 잃어버리면서 나의 건강도 함께 잃어버렸다. 진정한 내 꿈을 가지고 준비하고 노력했다면 아프지 않았을 텐데, 잠시 편안함을 생각하고 그냥 평범한 워킹맘으로 살 생각만 했더니 결국 큰 벌을 받는다는 생각이 들었다. 한 번 밖에 살지 않는 인생인데 내가 나 자신의 소중한 시간을 그냥 낭비하고 있었다. 결혼하고 아이를 낳으면서 그냥 나 자신을 놓아버리고 남편에게 기대려했던 안일함이 결국 나를 아프게 한 것이다.

나는 이제 더 이상 육체적으로 아프진 않다. 나의 꿈을 다시 재정비하고, 내 꿈을 이루기 위해 무엇을 해야 하는지를 알게 된 순간부터 아프지 않았다. 물론 골반이 틀어지고 목, 어깨 디스크와 같은 체형적인 부분은 지금도 열심히 치료를 받고 있다. 그러나 더 이상 내 안의 내장기관이 아파서 병원을 방문하고 이유 없이 아프지는 않는 것 같다. 그리고 더 이상 조직에서 나의 불투명한 미래에 대해 불안해하지도 않는다. 내 안의 부정적인 생각을 말끔히 씻어내고 긍정의 기운들로 채워 넣고 있다. 꿈 친구들을 만나면서 서로의 미래에 대해 응원해주고 나의 미래를 상상하며 하루하루 즐겁게 보내고 있다.

나는 여성 커리어 멘토 메신저가 되겠다고 다짐했고, 대한민국 여성들의 삶에 도움이 되는 강연과 저서로 동기부여를 해줄 수 있는 메신저로 살아가기로 했다. 그 첫 번째 단추로 개인저서를 준비하고 있다. 개인저서를 준비하면서 많은 책들을 읽고 나 자신을 분석해보고 주위 여성 동료들과 소통해보고 있다. 그녀들의 고민은 무엇인지, 어떤 삶을 살고 싶어 하는지 하나씩 알아가고 있다.

이러한 일들을 하기 위해서 기본 바탕이 되어야 하는 것이 나의 체력일 것이다. 체력 강화를 위해 우선 규칙적인 생활습관을 가지려고 노력하고, 식사도 제대로 하려고 하며 운동도 규칙적으로 하고 있다. 일주일에 두 번 병원 치료, 일주일에 3번 요가, 틈틈이 걷기와 집안일하는 것을 별로 좋아하지 않지만 집안일 하는 것도 운동이라고 생각하고, 가능한 몸을 움직여 나의 건강을 위해 생활 중이다.

그리고 건강에 안 좋은 습관은 고치려고 한다. 특히, 목과 어깨 통증 때문에 독서를 할 때, 독서 받침대를 활용하기도 하고 허리를 반듯이 세우고 의자에 깊숙이 앉는 습관도 기르고, 다리를 꼬지 않기 위해 무던히 노력하고 있다.

꿈이 명확하게 생기고 나니 나의 생활습관부터 고쳐야겠다는 생각이 들었다. 앞으로 여성 커리어 멘토 메신저가 되기 위해서 자기관리를 더 철저히 해야 하기에 앞으로 나의 체력 증진을 위해 좀 더 노력할 계획이다.

나는 올해 개인적으로 운 좋은 일들이 많았다. 솔직히 올해 초까지만 해도 세상에서 가장 불행한 사람처럼 굴었지만 지금은 그 모든 일들이 더 나 자신을 단단하게 만들어 주기 위해 주신 선물이라고 생각한다. 그 힘든 시간을 통해 나를 좀 더 객관적으로 보고, 나의 꿈에 대해서도 재정비할 수 있었기 때문이다.

건강은 한번 잃어버리면 다시 회복하는 데 많은 시간이 걸린다. 잃어버린 건강을 찾기 위해 나는 몇 배의 시간과 돈을 투자하고 있다. 나는 오늘도 나에게 다시 한 번 얘기한다. "혜형아, 너는 꿈을 먹고 사는 여자이기 때문에 한시라도 너의 꿈을 놓아서는 안 돼. 그

럼 넌 또 아플 거야." 오늘도 나는 나의 꿈에 한 발짝 다가가기 위해
건강 먼저 챙기는 하루를 살기로 했다.

5

가족과 함께 유럽 여행하기

"우리 준석이가 태어나고서는 한 번도 해외여행을 못 한 거 같네."

"그러게. 그래도 1년에 한 번은 해외여행 했는데 아쉽다. 애 데리고 비행기 탈 엄두가 안 나니까……."

"그렇긴 한데 24개월 미만까지는 항공료가 무료래. 우리도 준석이 두 돌 되기 전에 한 번 가까운 데라도 나갔다 올까? 우리 둘 다 너무 지쳐서 리프레쉬가 필요해."

며칠 전 남편과 나눈 대화이다. 남편은 요즘 새로 맡고 있는 프로젝트로 많이 힘든지, 이번 프로젝트가 끝나면 휴식이 필요하다면서 무조건 해외여행을 가고 싶다고 강조했다. 가족이 다 같이 가기에 가까운 일본이나 중국이라도 꼭 가고 싶다고 했다. 그래서 우리는 한 달 후에 일본 온천 여행 계획을 세웠다.

사실 나는 가족과 함께 유럽일주를 하는 것이 꿈이다. 나는 27살에 잘 다니던 직장을 그만두고 영국행을 택했고, 그때의 경험은 내 인생에서 가장 가치 있는 순간이었기 때문에 나중에 가족과 함께 나의 경험을 공유하고 싶었다. 나는 대학 때 가보지 못한 어학연수의 꿈을 직장생활을 하면서 이루었다.

그때 당시가 2003년이었고, 2002년 한일월드컵이 한국에서 개최되었기에 대한민국에서 온 나는 외국인 친구들에게 관심을 받았다. 대부분 외국에서 동양인을 보면 가장 먼저 하는 말이 "Japanese?" 그 다음이 "Chinese?" 다 아니라고 하면 "Where are you from?"

월드컵 이후 한국인에 대해서도 물어보기는 한다. 내가 "I am a Korean."이라고 하면 그 후 나를 당황스럽게 했던 질문은 "Are you South Korean or North Korean?"다. 26년 한국 땅에 살아보면서 한 번도 남한인, 북한인의 개념이 없었기에 그때 당시 나에겐 굉장히 충격적이었다.

외국에 있는 친구들은 정말 북한의 핵문제에 대해 한국인인 나보다 더 많이 알고 걱정을 해주었다. 영국 생활은 나에게 굉장히 많은 경험을 해 볼 수 있었고, 세상을 좀 더 큰 시각으로 바라볼 수 있는 계기를 주었던 가치 있는 시간이었다. 오히려 외국에 나가면 애국심이 생기고 나라에 대한 객관적인 생각을 가지게 된다.

나는 영국에 1년 조금 넘게 있었다. 처음에는 영어 실력을 조금 더 키워보자는 마음에 영어 학교를 런던에서 다녔다. 그런데 6개월 정도 되었을 때 내가 느낀 건 나의 영어 실력은 학교 안에서만 자유로웠지, 학교 밖을 나가면 한계를 느끼기 시작했다. 학교와 내가 거주하고 있는 영국인 가정에서는 다 나를 외국인으로 배려하는 영어를 사용했기에 그들은 나의 말에 좀 더 귀 기울여 주려고 노력했고, 말을 천천히 했다.

나는 그런 배려 영어 속에서 실생활로 부딪치는 나의 영어 실력이 필요하다고 생각되었고, 어느 날 우연히 영국의 유명한 신문 〈Guardian〉에서 'CSV'라는 기관에서 자원봉사자를 모집한다는 광고를 보았다. 만 19세 이상이면 누구나 외국인이어도 신청할 수 있다고 되어 있었다. 나는 갑자기 도전해보고 싶다는 생각이 들었다. 먼 타지에 와서 더 이상 배려 받는 영어가 아니라 실전 영어를 해보고 싶었고, 더군다나 자원봉사라는 가치 있는 일을 한번 해 보고 싶나는 생각이 들었다. 그래서 학교 선생님께 추천서를 부탁했고, 운 좋게 합격하게 되었다.

나는 UKC(University of Kent at Canterbury)라는 영국 남쪽, 도버 해

협 근처에 있는 캔터베리에 있는 대학에서 23살 카멜라라는 장애인 학우의 학교생활을 돕는 자원봉사 일을 시작하게 되었다. 내가 하는 일은 2명의 독일 자원봉사자 친구와 함께 3교대로 돌아가며 카멜라가 학교 수업을 왔다 갔다 하는데 데려다 주고, 그녀의 친구가 되어 주고 식사와 목욕 등 일상생활에 도움이 필요한 모든 것을 옆에서 도와주면 됐다. 그녀는 나에게 굉장히 호의적이었는데, 예전에 그녀를 도와주었던 자원 봉사자 중에 한 명도 한국인이었기에 그녀는 한국인을 굉장히 좋아했다. 그리고 나는 그녀보다 나이가 많았기에 그녀의 전공인 경영학에 대해 내가 알고 있는 것들과 수학에 대해 좀 가르쳐 주기도 했었다.

학교에서는 영국인을 만나는 확률보다 오히려 비 영국인을 만나는 확률이 훨씬 더 높았다. 그만큼 유럽 각지에서 온 학생들이 많았다. 나는 운이 좋게 자원봉사 일을 하면서 대학 기숙사에 머물고 있다 보니 학생들을 많이 만날 수 있었고, 덤으로 그 학교에서 외국인을 위한 영어 향상을 위한 '영어 향상 코스'라는 과목을 들을 수 있는 기회도 얻었다.

나는 6개월 동안 캔터베리 대학에서 자원봉사를 할 때 단 한 명의 한국인도 만나지 못했기에 자연스레 많은 외국인 친구들을 사귀었다. 특히 같이 자원봉사를 했던 독일인 친구 2명과는 각별히 친해져 방학 때, 독일을 방문 했을 때는 이 친구들의 집에도 방문하여 같이 여행도 갔었다. 한 친구는 동독 출신이었고 다른 한 친구는 서독 출신이어서 같은 독일인이어도 성향이 굉장히 달랐다. 우리나라도 나중에 통일되면 저 두 친구에 대해 느꼈던 내 느낌을 외국인들도 느낄 수 있겠다고 생각했다.

나는 방학과 부활절 등 짬짬이 시간을 내어 유럽여행을 했었다. 사실 영국에 있으면 우리가 서울과 부산을 KTX 타고 왔다 갔다 하는 것과 같이 다른 이웃 유럽 나라를 방문할 수 있었다. 나는 여행할 때마다 기억에 남을만한 많은 에피소드들이 있었다. 영국에서 혼자 출발했지만 항상 각 나라의 여행지에서 좋은 여행 동료들을 만나게 되고 친절한 현지인들의 도움으로 여행할 때는 혼자가 아니었다.

그중 가장 기억에 남는 일 중에선 스페인 바로셀로나를 여행가기 위해 공항에서 저가 비행기를 새벽에 기다리고 있을 때였다. 한 50대 영국인 아주머니와 공항에서 비행기를 기다리며 서로 이런저런 얘기를 주고받았는데, 그녀는 이탈리아 피렌체에 살고 있다고 하였고 나는 다음 달에 이탈리아에 여행 갈 계획을 이야기하게 됐었다. 그녀는 이탈리아에 오면 꼭 연락하라며 자기 집 주소와 전화번호, 이메일 주소를 나에게 주었다.

나는 이탈리아에 가기 전 그녀에게 이메일을 보냈고, 로마를 여행하고 난 후 피렌체로 이동하여 그녀를 만났다. 그녀의 집을 방문해서 그녀의 가족들과 함께 식사도 하고 그녀와 함께 투스카나 지역을 여행도 하고, 내가 다시 영국으로 돌아가는 날에는 그녀는 새벽

일찍 일어나 아침에 먹을 샌드위치 도시락을 만들어주었다. 정말 너무나도 고맙고 기억에 남는 일이었다.

한국에 돌아와서 나의 여행에서 만난 사람들과의 얘기를 해주면 다들 잘 믿지 않았다. 인복이 많다고 생각하는 사람들도 있는 반면 나의 가족들은 나보고 겁도 없이 외국에서 만난 사람들하고 막 그렇게 지내냐고 혀를 내둘렀다. 나는 내가 겁이 없는 건지 그때 당시는 잘 몰랐는데, 기본적으로 나는 사람을 잘 믿는 편이다. 여행에서 무턱대고 사람들을 쫓아가는 것이 아니라 그들과의 대화를 하면서 뭔가 어떤 공통점이 있고 서로 통하는 뭔가가 있을 때 친해 질 수 있는 것인데, 나는 운이 좋게도 여행하면서 정말 나랑 생각이 통하는 좋은 사람들을 많이 만났다. 그리고 기본적으로 유럽은 자기 나라에 여행 온 외국인들에게 굉장히 관대한 편이다.

특히 스페인의 경우는 자기 나라를 방문한 외국인들에겐 다들 너무나도 친절하고 항상 웃어주었다. 내가 버스를 타고 가다 정류소를 지나쳐버려 난감해하고 있을 때, 한 승객이 기사에게 외국인 여행자가 못 내린 것 같다고 말해주었다. 기사는 승객들에게 양해를 구해서 내가 버스에서 내릴 수 있도록 해주었고 나는 스페인에 대한 인상을 좋게 가질 수밖에 없었다. 나는 이런 점들을 우리나라 국민들도 좀 배웠으면 한다.

내가 10여 개 서유럽 국가를 여행하면서 만났던 좋은 인연들에 대한 이야기를 다 하자면 아마도 1박 2일이 모자랄 수도 있을 것이다. 그때 당시는 자원봉사자로 일하면서 약간의 Pocket Money(용돈)로 나오는 것을 매달 모아 그것으로 여행경비를 했기에 가능한 최저가의 이동수단으로 이동했고, 유스호스텔과 같은 숙박업소, 친구 집 등에 묵으며 여행을 했었다. 걷기도 정말 많이 걸었다. 나는 평발이어서 오래 걷지 못하는 편이었지만 돈이 없는 가난한 유학생은 그냥 지도를 보고 무작정 걸어 다니며 여행을 했었다. 그러면 옆에서 길을 헤매는 걸 알고 도와주고 하면서 많은 좋은 인연들을 만났었다. 그때의 소중한 인연들은 나에게 잊지 못할 좋은 추억들이다.

그때 당시, 가난한 자원봉사자 신분의 나는 여행을 하면서 나중에 결혼을 하게 되면 가족과 함께 다시 유럽여행을 해 보고 싶다고 생각했었다. 내가 방문 했던 곳에서 내가 어떤 경험을 했었는지, 나의 아이들에게 얘기해주고 조금은 여유롭고 편안한 이동수단과 숙소에 지내면서 말이다. 유럽은 걸어가는 곳 자체가 유적지인 곳이 많다. 박물관도 많고 성당이나 고대 건축물 같은 것들도 보존이 다 되어 있고, 우리가 학교에서 세계사 시간에 배웠던 많은 것들을 직접 눈으로 확인할 수 있다.

사랑하는 남편과 아들과 함께 내가 여행해본 서유럽 지역뿐만 아니라, 동유럽, 북유럽도 다 포함해 전체 유럽 50여 개국을 여행하는 것이 앞으로 이룰 소중한 꿈이다.

8

꿈은 드림보드판에서부터
시작된다

_함명진

함명진

세무사, 작가, 겸임교수, 희망메신저, 성공학 강사

현재 '세무사함명진사무소'를 운영하며 남양주세무서의 납세자보호위원으로 활동 중이다. 또한 경복대학교 겸임교수로 학생들을 가르치며 청소년들에게 희망과 비전을 전해주는 메신저의 길을 걷고 있다. 일반인들에게는 자신의 경험을 녹여 성공할 수 있도록 도와주는 성공학 강사로도 활동하고 있다. 그동안 세무사로 활동했던 경험과 생각을 녹인 세금에 대한 저서를 집필 중이다.

• E-mail_ hamsemusa@gmail.com

1

5년 안에 벤츠 S500 4matic 소유하기

나는 4년 전만 해도 차에 별로 관심이 없었다. 차는 사람을 운송하는 수단에 불과하다는 생각에 동의했을 뿐, 그 이상도 그 이하도 아니었다. 그 당시 나는 SM3 흰색 차를 타고 다녔다. 운전은 막 초보를 벗어났다. 그러던 중에 강남에 거래처를 방문하고 나오는 중에 분명히 나의 순서였는데 옆에 있던 차가 머리부터 내미는 것이었다. 마치 돈이 있으면 박아보라는 식이었다. 나중에 알고 보니 상대방 차는 벤츠 E-Class였다. 그 후에 시간이 흘러 이 일을 잊게 되었고, 그 사이 나는 다니던 사무실을 나와서 세무사 사무실을 구리에 오픈했다.

세무사 사무실을 운영하다 보니 큰 거래처의 부자고객을 만나는 일이 종종 있었다. 그들과 소통하기 위해서는 골프장에 가는 일이 잦았다. 골프를 시작한 지 1년 정도 되었을 때 고객으로부터 초청을 받았다. 일요일이었는데 곤지암의 넓은 주차장에서 만나기로 했다. 그날 내 애마인 SM3을 타고 갔다. 그 거래처 사장은 나를 배려하기 위해서 그 주차장에서 만나기로 했던 것이다. 그날 거래처 사장의 차로 골프장으로 이동했다. 보통 골프장을 출입하는 차는 국산 대형차나 외제차들이 대부분이었다. 이런 상황에 나를 위축되지 않게 하기 위해서 그렇게 했다는 것을 나중에서야 알았다.

골프장을 자주 드나드니 자연적으로 차에 관심이 갔다. 아울러 내가 차로 인해서 주눅 들지 않기 위해서는 차를 바꿔야겠다는 생각을 자주 했다. 그래서 큰 마음먹고 제네시스를 리스로 구입했다. 제네시스를 선택한 이유는 젊은 나이에 에쿠스를 타고 다니면 거래처의 사장들의 눈에 거슬릴 게 분명했다. 그래서 한 단계 낮은 차를 선택한 것이 제네시스였다. 이 차를 타고 골프장에 가면 주눅 들지 않았다. 어울리는 사람과도 그들의 수준에도 맞추게 되었다. 자주 만나던 거래처 사장은 술을 너무 좋아했다. 그래서 골프장에서 운동을 한 후, 매번 대리운전으로 집으로 가는 형국이었다. 어느 날 대구의 거래처를 소개 시켜준다고 대구에 가자고 했다. 곤지암의 주차장에서 만나 그 거래처의 사장의 차를 타고 대구에 내려갔다. 참고로 그 사장의 차는 벤츠 S350의 모델이었다.

대구에서 일을 보면서 거래처 사장은 술에 취해 운전하기가 힘들었다. 그래서 내가 벤츠 S350을 몰아보게 되었다. 내가 이 차를 처음 운전하는 느낌은 묵직하면서도 잘 나갔다. 그리고 디젤이면서도 조용했다.

　지금 내가 소유하고 있는 차는 제네시스와 크라이슬러에서 판매하는 JEEP의 랭글러이다. 되돌아보면 내가 부자들과 어울리다 보니 그들의 수준에 맞추기 위해서 차를 업그레이드 했다. 흔히 자기계발서에 나오던 "부자가 되고 싶다면 부자들과 어울리라!"는 말이 나에게 적용됐다.

　얼마 전 나는 네이버카페의 〈한국 책쓰기·성공학 코칭협회〉에 가입해서 12주 책 쓰기 과정을 등록했다. 그곳에서 《지금 당장 로렉스시계를 사라》는 책을 추천 받았다. 책은 절판이라 시중에 있는 서점은 판매하지 않았다. 이 책을 받자마자 단숨에 읽어버렸다. 그리고 진짜 부자들은 어떻게 돈을 쓰는지 알게 되었다.

　이 책의 저자 사토 도미오는 자신의 경험을 이야기했다. 저자가 갖고 싶은 외제차가 있다고 했다. 그 외제차는 폭스바겐의 '비틀'이었다. 그 당시에 비틀은 고급차라 변호사나 의사들만 타고 다녔다. 이 외제차를 타고 연말부터 정월까지 친구들과 마음껏 여행을 했다. 그리고 그 차로 고속도로에서는 보기 좋게 다른 차를 따돌렸다.

　그렇게 비틀을 타고 다니다가 수입자동차 판매사원이 소개한 미니쿠페를 보고 반해서 구입하고 경주에 나가 우승했다. 그 후에 포르쉐 수준의 슈퍼카를 세 대나 갈아탔다. 그러면서 저자는 다음과 같은 말을 했다.

"'부자'가 되었기 때문에 '고급차'를 가지고 싶어진 것이 아니다. '고급 승용차'를 타고 싶었기 때문에 비로소 그것을 살 수 있는 '부자'가 된 것이다."

욕망이 있으면 꿈을 갖게 되고 그 꿈을 이루기 위해서 노력하다 보니 부자가 되었다는 이야기다. 보통 재테크 서적을 보면 "근검절약해서 돈을 모았다."라는 식의 내용이 대부분이다. 또한 보통사람들은 부자가 되기 위해서는 "절약해서 돈을 모아 종자돈으로 무엇을 사고 재테크에 성공하자."라는 생각이 주를 이루고 있다.

그러나 나는 욕망을 이용해서 꿈을 갖고, 그 꿈을 이루기 위해서 최선을 다하고 부를 이루기로 했다.

화진화장품의 부회장 박형미 씨는 자신의 자서전《벼랑 끝에 나를 세워라》에서 1990년대 남편이 사업을 하다 망해서 자신의 집을 잃으면서 단돈 200백만 원밖에 없었다고 했다. 이 상황에서 집을 구하기 위해서 다음과 같이 결심했다. "난, 더 이상 빚에 쪼들리며 가난하게 살지 않을 거야! 이제 초라하게 빈티를 내면서 살고 싶지 않아! 그동안 너무 억눌리면서 살아왔던 탓일까? 나는 남이 보기에 깜짝 놀랄 만큼 무모한 계획을 세웠다." 그 후에 저자는 200백만 원으로 전세 3000만 원짜리 집을 얻기 위해서 분양이 안 돼 오랫동안 비어있는 건물주를 찾아가 다음과 같이 협상을 했다.

"뭐요? 아줌마 혹시 미친 거 아니요?", "저 안 미쳤어요. 한 달은 2천9백만 원의 이자를 월세로 주고 석 달 안에 나머지 그 2천9백만 원을 꼭 갚을게요. 어차피 한 달 안에 안 나갈 빈라잖아요?", "기가 막혀서…….", "석 달 안에 꼭 갚을게요. 만일 석 달 안에 이 돈을 못 갚으면 집을 비우고 보증금 백만 원도 다 포기할게요. 아저씨도 손해 볼 게 하나도 없잖아요?"

그렇게 협상을 해서 마침내 이사비용으로 1백만 원을 쓰고 보증금으로 1백만 원을 지불하고 이사를 했다. 그리고 3천만 원이라는 목표와 3개월이라는 기한을 두고 자신을 무섭게 혹사시킨 결과 석 달 동안 번 돈과 약간의 대출로 약속대로 나머지 잔금 2천9백만 원을 모두 갚았다. 이 경험은 박현미 씨를 끊임없이 발전시키는 동력이 되었다고 고백했다. 그 후에 이야기지만 결국 서울의 70평대의 아파트로 이사를 했다.

위의 사례처럼 자신의 욕망을 정확히 알고 꿈을 갖고 노력한 결과로 자신의 욕망을 이루었다. 마침내 자신의 원하던 집을 소유하는 경험을 이야기했다.

나도 부자로 살기로 결심했다. 그래서 나는 벤츠 S500 4matic을 갖기로 했다. 2019년 12월 10일에 차를 구매하기로 했다. 처음에는 벤츠 E-class를 보고 이것을 구입하고 싶다는 생각을 했다. 그러나 요즘에는 이 모델은 눈에 들어오지 않는다. 벤츠 S-class를 보면 가슴이 뛴다. 가슴이 뛰는 차를 타고 싶다. 이 차를 소유하기 위해서 열심히 노력할 것이다. 갖기 위해서 노력하다 보면 이 차를 소유할 부를 이루게 될 것을 확신한다. "욕망에너지로 부자가 된다."는 사토 도미오 작가의 말처럼 말이다.

벤츠 S-class는 성공의 아이콘이다. 성공한 리더들이 이 차를 타고 다니는 것을 자주 보게 된다. 나도 열심히 노력해서 성공한 리더가 되고 싶다. 그리고 가슴을 뛰게 하는 차를 타고 싶다. 그러다 보면 부자로 어느새 나의 상황이 바뀌어 일을 테니 말이다.

나는 메르세데스 벤츠 S클래스를 2019년 12월 10일에 구입할 계획이다. 또한 중간에 나의 목표를 확인하기 위해 1천 5백만 원짜리 로렉스를 2017년 12월 11일에 반드시 구입할 것이다.

"갖고 싶은 욕망을 채워야 더 많은 부가 따라온다!"는 말을 마음에 새기며 오늘도 나는 목숨 걸고 산다!

2

청소년들에게
비전을 전해주는 강연가 되기

1년 6개월 전에 내가 사무실로 사용하고 있는 건물에는 나를 포함해 5명의 세무사들이 있었다. 점심에 같이 식사를 하던 중에 한 분이 나에게 대학에서 강의할 생각이 있는지 물으셨다. 나는 몇 달 전부터 강의를 하고 싶다는 생각에 서슴없이 강의를 하겠다고 했다. 강의를 계속하다 보면 강연가로 성장할 수 있다는 기대감과 약간의 강사료도 받기에 돈을 받으면서 연습할 수 있다는 생각에 나는 대학에서 강의를 하게 되었다.

그 후로 지금까지 매주 목요일마다 경기도에 있는 대학에 강의를 하러 간다. 그런데 수업시간에 대학에서 만나는 학생들은 몇 명만 수업을 듣고 나머지는 딴짓을 한다. 한창 힘이 넘치고 생기발랄할

나이인데 마치 폐잔병처럼 보인다.

왜 그럴까? 너무 안타까웠다. 나는 수업시간마다 시작 전에 잠시 나의 경험을 섞어 꿈에 대한 이야기를 한다. "여러분의 평균수명은 100세인데 20%밖에 살지 않았다. 그러므로 꿈을 가지고 열심히 노력한다면 여러분의 미래는 달라진다. 꿈을 가지고 살아라!"라고 말한다. 그럴 때마다 나의 이야기를 들으면서 평소에는 다른 생각을 하고 수업태도가 좋지 못한 친구들이 집중해서 호응하는 것을 볼 때 나는 보람을 느낀다.

이렇게 자신의 삶을 포기하거나 미래의 희망을 잃어버린 청소년들에게 꿈을 심어주고 동기부여를 해주는 최고의 강연가가 되고 싶다. 《서진규의 희망》이라는 책에서 저자 서진규는 "희망이 없는 자들에게 희망을 나누어주고 자신의 꿈을 이루고자 하는 이들에게 용기를 북돋아 주는 것."이 인생의 참된 목표라는 것을 깨달았다고 서술하고 있다. 나도 서진규 박사의 말처럼 희망을 주고 최고의 동기부여가로 살고 싶다. 아울러 고민하는 청소년들에게 필요한 멘토로도 활동하고 싶다.

요즘 신문을 보면 '헬조선'이라는 단어를 보게 된다. 이 용어는 2010년에 등장한 대한민국의 인터넷 신조어이다. 헬(Hell:지옥)과 조선의 합성어로 '한국이 지옥에 가깝고 전혀 희망 없는 사회'라는 의미이다. 이렇게 자조 섞인 말로 미리부터 포기하는 청소년과 청춘들에게 희망을 심어 주고 싶다.

나는 원했던 대학교에 가지 못해서 전문대를 가게 되었다. 그곳에서 방황을 많이 했다. 원래 목표했던 과가 아니기에 휴학을 하고 재수도 해보았다. 그 후에 복학하여 열심히 살기로 했다. 수업시간에 맨 뒤에 앉아서 자기계발서들을 읽기 시작했다. '나도 할 수 있다'는 자신감이 생겼다. 《정상에서 만납시다》를 쓴 지글러의 책도 보았다. 자기계발서를 보니 나의 삶이 긍정적으로 바뀌게 되었다. 나는 대학에서 기숙사생활을 했는데 친구들은 방학 때 집으로 돌아갔지만, 나는 도서관에서 자기계발서를 탐독하고 공부다운 공부를 하기 시작했다. 내가 좋아하는 영어를 하루에 4시간에서 5시간 정도를 공부했고, 후에는 9시간에서 10시간 정도 공부를 했다. 심지어점심시간에 기숙사 식당을 이용할 때 기다리면서 책을 보았다. 그리고 똑같은 책을 사서 찢어가면서 공부했다. 이렇게 공부하게 된 계기는 자기계발서를 읽고 나 자신을 변화시켰던 경험이 있었기 때문이었다.

나는 나의 차에 타면 자기계발과 비전에 관한 오디오북을 자주듣는다. 내가 들었던 오디오북 중에서 강헌구 교수의 《가슴 뛰는 삶》라는 책을 100번 이상 들었다. 거의 외웠다. 그러나 들을 때마다나의 마음에 다가오는 메시지의 감동이 다르게 온다. 나는 사업을 6

년 전에 시작했다. 세무사 사업을 시작하기 전에 강헌구 교수의 《가슴 뛰는 삶》을 읽고 용기를 얻었다. 그의 책의 표지를 보면 이런 내용이 있다. "1995년 '수원비전스쿨'을 시작으로 전 세계 40여 개 도시에 비전스쿨을 세우는 한편, 강의와 책을 통해 각계각층의 사람들에게 '매일 매순간 목표와 비전으로 가슴 뛰는 인생을 살아가는 법'을 전파하고 있다."

위의 강헌구 교수처럼 비전을 전파하며 어떻게 하면 최고의 동기부여강사로 살아갈 수 있을까?

우선, 책을 쓰기로 했다. 세상과 소통하기 위해서 나의 전문분야인 세금에 관한 책을 쓰고자 한다. 출간하는 책이 쌓이면 전문분야와 자기계발 분야로 나누어 1년에 2권씩의 책을 출간할 목표를 가지고 있다. 내가 책을 정성 들여 쓴다면 반드시 종합베스트셀러 작가가 될 수 있다고 믿는다. 저자 강연을 개최해서 인지도가 높아지면 청소년들에게 비전을 전해주고 싶다. 그리고 이런 경험들이 쌓이면 그 다음은 다양한 사람들에게 비전을 전하는 최고의 강사가 될 것이다. 본업인 세무사로서 최고의 전문가로 살고, 최고의 성공학 강사, 베스트셀러 작가로 살아가는 것이 나의 첫 번째 목표이다.

다음은 최고의 비전 강사가 되기 위한 조건인 '스피치의 달인'이 되기 위해서 노력할 것이다. 미래학자 엘빈토플러는 "얼마나 스피치를 잘하느냐가 인생의 성공을 좌우한다."고 말했다. 이처럼 현대사회에서 성공하기 위해서는 스피치의 달인이 되어야 한다. 최고의 비전강사로서 소통을 잘 해서 듣는 청중들에게 웃음을 선사하기도 하고, 위기를 극복할 수 있는 용기를 북돋워 주고 싶다. 그것을 위해서 반드시 스피치가 필요하기 때문에 노력해서 스피치의 달인이 될 것이다.

셋째는 오디오북을 제작해서 바쁜 직장인과 사업가들에게도 비전을 전하는 사람이 될 것이다. 나는 누군가 운전하는 자동차 안에서 자기계발서 오디오북을 들으면서 목표에 다가갔다는 이야기를 듣고 이를 실천에 옮겼다. 나는 오디오북을 들을 때마다 열정이 솟구쳤다. 예를 들면 내가 사업을 처음 시작 했을 때, 차 안에서 강헌구 교수의 강의를 들으면서 하나 실천한 것이 있다. 나의 목표를 한 문장으로 정리해 하루에 15번씩 쓰면서 나의 목표를 확인하고, 주어진 하루를 최선을 다한 것이다. 그랬더니 목표의 80%에 도달하게 되었다. '이것이 비전의 마력이구나!'라고 생각하고 더욱더 실천했다. 나는 요즘도 하루를 시작하기 전에 나의 목표를 적고 시작한다.

마지막으로 경청하는 사람이 될 것이다. 나의 이야기만 하기보다는 나를 찾아온 그들에게 진정으로 필요한 것이 무엇인지 같이 고민하고 그들의 이야기를 들어주고 싶다. 그들에게 용기를 주기 위해서는 그들의 마음을 어루만져주는 것부터 시작해야 한다고 생각한다. 그래서 나의 강연을 듣는 사람들이 어떤 생각을 하는지부터 듣고, 함께 용기를 얻을 수 있도록 돕는 강연가가 될 것이다. 특히, 청소년들에게 비전을 전해주는 대한민국 최고의 강연가가 되고자 한다!

3

5년 후에 연 매출 12억 달성하기

나는 올해 초부터 몸이 아프다는 생각에 목표 없이 살았다. 개업 세무사로서 먹고사는 것에 어느 정도 안착이 되었다고 생각했다. 그러면서 삶을 계획 없이 그날그날 살고 있었다. 그러나 이내 마음이 공허했고 마음 한편에서는 '이렇게 살아서는 안 되는데……' 하는 울림이 있었다.

그리고 평소에는 책을 구입해서 독서를 했는데, 그것마저 하지 않고 올해 8월까지는 지루하게 살았다. 그러나 인터넷에서 우연히 한 책의 제목을 보고 바로 주문했다. 그 책의 이름은 《천재작가 김태광의 36세 억대수입의 비결, 새벽에 있다》이다. 이 책을 받아보고 단숨에 읽어 내려갔다. 토요일 저녁에 읽기 시작해서 새벽 1시경에 다 읽었다. 그리고 김태광 작가가 쓴 책 10권을 주문해서 모조리 읽었다. 그 책을 읽고 〈한국 책쓰기·성공학 코칭협회〉를 알게 되었다. 책 쓰기 12주 과정을 등록하면서 내가 그동안 마음속에 막연하게 잘 살아야겠다는 생각이 구체적으로 표출되기 시작했다. 부자로 살아가기 위해서는 어떤 시스템을 구축하고, 어떻게 수입을 다각화해야 하는지 고민하기 시작했다.

얼마 전 내가 읽은 엠제이 드마코가 쓴 《부의 추월차선》에서 "천천히 부자 되기로는 가망이 없다."는 말을 했다. 이 말은 내가 기존에 생각했던 부자 되기의 개념에 신선한 충격을 주었다. 나는 이 책을 읽으면서 나의 꿈이 너무 작다는 생각이 들었고, '돈이 있는 대로 수입에 맞추어 살면 되지 않을까?'라는 고민을 했다. 반면에 '노력과 고통이 따르겠지만 부자로 살면서 가족들과 이웃들에게 베풀면서 살면 어떨까?'라는 고민도 했다.

두 가지의 고민을 하던 중에 얼마 전 버스 안에서 70세가 넘어 보이는 어르신이 통화하는 내용을 들었다. 이야기를 들어보니 나와 같은 직업인 세무사였다. 요지는 서류를 내일 보내 주면 세금이 얼마나 나오는지 계산해주겠다는 내용이었다. '나도 70세가 넘어서 세무사업을 계속 해야 하나?'라는 질문을 스스로 했다. 단호하게 '아니다'는 결론에 이르게 되었다. 나는 천천히 부자가 되기보다는 부의 추월차선을 타서 빨리 부자가 되어 베풀면서 살아야겠다는 결심을 하게 되었다.

그렇다면 어떻게 빠르게 부자가 될 수 있을까? 우선은 5년 후에 연 매출 12억으로 경제적 자유를 얻는 게 첫 번째 목표이다. 나는 수입의 다각화를 생각하게 되었다. 그 구체적인 방법은 세무사업, 베스트셀러 작가, 성공학 강사, 칼럼니스트, 코칭, 강좌개설 등으로 구성될 것이다.

우선 내가 지금하고 있는 세무사업에 대한 계획을 세웠다. 신문이나 매스컴을 보면 "세무사 시장은 기존 세무사들이 많아 포화상태이고 신규 세무사들은 개업을 해도 어렵다."라고 기사화하고 있다. 물론 맞는 말이다. 세무사들도 '부익부 빈익빈'이라는 말에 예외는 없다. 그러나 나는 개업 후에 6년 정도 일을 해보니 '자기가 어떻게 하느냐에 따라 다르게 결과가 나타난다'는 결론에 도달했다.

나는 세무사업에서 블루오션에 해당하는 고급 세무컨설팅의 전문가가 되기로 했다. 기존의 시스템이 아닌 정보화시대에 맞추어 나 자신을 변화시키는 작업을 하기로 결심했다. 그리고 컨설팅용역을 확대해서 시스템을 구축하고, 고객의 욕구에 맞추어 재산세무컨설팅 전문가가 될 목표를 세웠다.

앞으로 세무사로서의 목표 매출은 이렇다.

2016년 매출 4억

2017년 매출 5억

2018년 매출 6억

2019년 매출 8억

2020년 매출 10억

5년 안에 매출액 10억으로 소득세 신고를 할 것이다.

두 번째는 베스트셀러 작가와 성공학 강사로 수입을 늘릴 계획이다. 우선〈한국 책쓰기·성공학 코칭협회〉에 등록한〈12주 책쓰기 과정〉을 마치기 전에 초고를 쓰기로 했다. 그리고 탈고 후에 투고를 하고자 한다. 나의 삶의 롤모델인 구본형 씨처럼 새벽에 책을 쓰고 싶다. 그리고 1년에 두 번의 책을 내고, 이 책들이 세상과 소통하여 베스트셀러가 되도록 노력할 것이다. 매년 이렇게 2권의 책을 내면, 이 책들로 세무 강사와 성공학 강사로도 병행하면서 즐겁고 기쁘게 살 수 있다고 생각한다. 베스트셀러 작가와 강사로 활동하면서 3년 후부터는 매년 1억의 수입이 생기게 될 것이다.

세 번째는 세무사로서 후배들의 코칭과 일반인과 전문가를 위한 강의를 개설할 것이다. 후배 세무사들이 세무사로서 갖추어야 할 것들을 체계화하여 개발해서 코칭으로 영향력이 있는 세무사가 되고 싶다. 그리고 일반인들에게는 세금에 관한 기본적인 지식과 실무에서 이루어진 내용으로 쉽게 강의하는 강좌를 개설하고, 전문가들에게는 전문가로서 자질과 어떻게 세무사로서 성장할 것인지 노하우를 알려주는 강의를 하고자 한다. 이 분야에서는 3년 후에 매년 1억 씩의 수입을 목표로 세웠다.

네 번째로는 영역을 넓히기 위해서 끊임없이 공부를 하기로 했다. 이노우에 히로유키가 쓴《배움을 돈으로 바꾸는 기술》에서 저자는 공부에 대해 이렇게 이야기한다. "즐기는 공부는 잠재의식을 일깨워줍니다. 그 결과, 바라던 일이 하나하나 실현되면서 인생이 점차 생각하는 대로, 원하는 대로 흘러가게 됩니다. 이러한 공부의 선순환이 일단 궤도에 오르면 그대로 나아가기만 하면 됩니다." 그러면서 연봉 10억이라는 목표에 도달한다고 이야기하고 있다.

나도 즐기면서 끊임없이 공부하는 사람이 되고 싶다. 이노우에는 자신의 치과기술 공부는 물론, 자기계발 분야의 배움을 위해서 국내외를 가리지 않았다고 한다. 나도 세무공부이든 자기계발이든 앞으로는 배우는 데 돈을 아끼지 않기로 했다. 대부분의 사람들은 부동산에 돈을 투자하지만, 나는 자신의 계발에 투자하고 나의 몸값을 올리는 데 돈을 투자할 것이다. 이것이 선순환되어 매출 12억을 이룰 것을 기대한다.

다섯 번째로 매일 아침마다 감사일기를 쓰기로 했다. 아침마다 내가 해야 할 일들을 쓰기는 했지만 감사의 일기는 쓰지 않았다. 그러나 애나 김의 저서 《쓰면 이루어지는 감사일기의 힘》에서 다음과 같이 서술하고 있다. "하루에 한두 가지씩은 꼭 적는 꿈에 대한 감사는 하루하루를 기분 좋게 시작해 열정적으로 마무리할 수 있게 도와

준다."

나도 하루를 시작하기 전에 꿈에 대해서 이미 이루어진 것처럼 감사일기를 쓰기로 했다. 감사일기를 쓰면 하루를 기분 좋게 시작할 뿐만 아니라 나의 목표를 확인하고 열심히 살 수 있기 때문이다.

더불어서 나는 매일 나의 목표를 확인하기 위해서 하루에 15번씩 한 문장으로 압축해서 쓸 것이다. 하루에 15번씩 자신의 목표를 쓰게 되면 열정이 생겨서 하고 있는 일에 최선을 다하게 되는 경험을 했다. 그리고 목표의식이 뚜렷해서 꿈이 이루어지는 것을 경험했다.

매일매일 감사하고 그 꿈을 글로 쓰고 노력한다면 그 꿈은 반드시 이루어진다.

이노우에 히로유키의 《배움을 돈으로 바꾸는 기술》에서 저자는 "밤에 잠들기 전에는 잠재의식과 현재의식의 경계가 열려서 잠재의식의 정보를 전달하기 수월해진다고 합니다. 이 기회를 놓치지 않으려 노력합니다."라고 말했다. 오늘부터 그의 노하우를 배워 잠들기 전에 보물지도의 무비를 만들어 매일 보면서 잠재의식의 정보를 새겨 넣고 노력한다면, 5년 안에 연 매출 12억은 충분히 달성하리라고 믿는다!

4

가족과 같이 힐링 여행하기

"여행은 모든 세대를 통틀어 가장 잘 알려진 예방약이자 치료제이며 동시에 회복제이다." 대니얼 드레이크가 한 말이다. 여행은 우리 가족이 삶의 무게를 견딜 수 있게 해주는 예방약과 치료제이며 동시에 회복제이다.

나의 가족은 아내와 여덟 살, 다섯 살, 세 살의 딸들이 있어 5명의 구성원으로 되어 있다. 요즘 큰딸은 공부에 지어 산다. 아내는 어린 아이들을 돌보아주는 데 너무 바쁘다. 나 또한 일로 바쁘게 지내고 있다. 이렇게 각자의 삶이 있어 바쁘겠지만 나의 가족과 행복한 추억을 많이 만들고 싶다. 나는 여행의 추억이 인생에서 가장 값지다고 생각한다.

　평소에 주말에는 나들이나 여행을 하지만 1년 중에서 11개월은 일을 열심히 하고, 한 달은 온전히 가족과 함께 하는 여행을 하고 싶다. 아이들이 지금은 어린 것을 고려해서 주로 국내여행을 하고 싶다.

　평소에 친하게 지내는 교수님이 나에게 "아이들에게 카메라를 주고 사진을 찍는 경험을 자주 해주라. 그 이유는 세상을 바라보는 시각을 넓혀 줄 수 있다."고 하셨다. 그래서 우리가족 모두가 카메라를 들고 자신이 찍고 싶은 사진을 찍을 계획을 세웠다. 그리고 그날 여행을 하면서 느낀 점을 간략히 적어 서로에게 이야기하는 시간을 가질 것이다. 여행 경험을 쌓아 책으로 출간하고자 한다. 책으로 만드는 목적은 상업적인 이유보다는 추억을 남기기 위해서다.

　2015년에는 두 번의 휴가를 다녀왔다. 그중에 한번은 여름휴가로 4박 5일로 속초에서 통일전망대까지 다녀왔다. 휴가철을 피해 조금 일찍 떠나니 가는 곳마다 여유가 있었다.

　첫날은 속초에 있는 펜션에 도착해서 잠을 청했다. 그리고 다음 날은 속초시 옆에 있는 작은 해수욕장에서 짐을 풀고, 바닷가에서 고무보트를 가져가서 파도와 한참을 놀았다. 그리고 저녁에는 아내와 아이들과 함께 바닷가를 걸었다. 셋째 날은 설악산에 다녀왔다. 이른 아침부터 비가 조금씩 내려 아이들에게 비옷을 사서 입히고 등

산입구에서 사진을 찍었다. 이 사진을 보면 그때의 느낌이 되살아난다. 설악산의 케이블카를 타고 가면서 양옆에 구름으로 뒤덮여 평소에 보지 못했던 신비한 광경들이 눈에 선하다. 넷째 날은 통일전망대를 보러 갔다. 통일전망대에서 박물관에 들어가 6·25의 비참함을 보여 주었다. 나이가 어려 아직 이해를 못하는 것 같았다. 그러나 후일에는 깨닫게 되리라. 돌아오는 길에는 고성에 있는 마차진리 해수욕장에 들렀다가 화진포로 이동해서 김일성 별장에서 화진포 해수욕장을 바라보았던 경험들이 있었다.

내가 일이 힘들 때 여행 경험을 다시 떠올리면 즐겁고 입가에 웃음이 절로 생기면서 역경을 극복하고 다시 일에 집중할 수 있다.

해남 땅끝마을에서 강원도 통일전망대까지 우리 땅을 걸어 다니며 쓴 《바람의 딸, 우리 땅에 서다》의 저자 한비야 씨처럼 우리 땅을 틈나는 대로 구석구석 가족들과 걸어 다니며 추억을 만들고 싶다. 아이들이 각각 초등학교 3학년 정도 되면, 아이와 단둘이 내가 초등학교를 다녔던 초등학교와 중학교, 고등학교 때 다녔던 모교와 고향을 다녀오고자 한다. 아이들에게 나의 어린 시절의 생활과 학교 다닐 때의 경험, 고향에서 지낸 기억을 이야기하며 아이와 내가 잊을 수 없는 추억을 만들고 싶다.

아이들이 좀 더 자라서 청소년기가 되면 1년 중에 한 달은 가족들과 함께 해외여행을 다닐 계획이다. 나와 아내는 꽌으로의 신혼여

행과 세무사 시험에 합격한 기념으로 태국의 푸켓을 다녀왔다. 신혼
여행은 패키지여행이 그렇듯 짜인 스케줄대로 다녀야만 했다. 괌을
갔다 온 것은 기억이 있지만 느낌이나 기억에 남을 만한 추억은 없
다. 두 번째 여행으로 푸켓에 갔을 때 경험은 조금은 달랐다. 짜인
스케줄은 있었지만 우리는 하루 정도 우리만의 시간을 갖겠다고 했
다. 그래서 리조트의 해변에서 시간을 보내고 있을 때, 외국인들이
휴가를 즐기는 모습을 보고 깨달음을 얻었다. 그들은 주로 해변의
평상에서 책을 읽다가 지루하면 해변에 가서 수영을 하다가 와서 독
서를 하고, 따분해지면 잠을 청하기도 했다. 말 그대로 쉼을 위해서
진정한 휴가를 즐긴다고 느꼈다.

　우리나라 사람들은 해외여행을 가면 유명한 곳을 찾아다니느라
시간에 쫓겨 다니느라 감동이 있는 추억은 못 만들고 귀국한다. 나
는 이런 여행을 하지 싫지 않다. 가족들과 사전에 상의해서 인터넷
의 블로그나 책을 통해 먼저 다녀온 사람들의 생생한 경험을 수집해
스케줄에 쫓기는 여행이 아닌, 가족들과 진한 감동을 만들며 여행을
하고 싶다.

　"진정한 여행이란 새로운 풍경을 바라보는 것이 아니라 새로운
눈을 가지는데 있다."라고 마르셀 프루스트가 말했다. 국내여행이
든 해외여행이든 새로운 풍경만을 바라보지 않고, 가족과 추억을 만
들며 새로운 눈을 가질 수 있는 여행을 하고 싶다.

　해외여행으로 제일 먼저 가고 싶은 곳은 스페인이다. TV프로그

램인 〈꽃보다 할배〉에서 스페인의 건축가인 가우디가 설계한 건축물을 보여줄 때 웅장함에 놀랐다. 가우디는 자신이 남긴 건축물 중에서는 완성작이 없다. 그는 다음과 같은 이야기를 했다고 한다.

"슬프게도 내 손으로 성가족 대성당을 완성시키지 못할 것이다. 뒤를 이어서 완성시킬 사람들이 나타날 것이고 이러한 과정 속에서 장엄한 건축물로 탄생하리라."

스페인에 가서 가우디의 건축물을 보고 가우의 장인정신을 느껴보고 싶다. 아울러 가족들과 값진 경험을 만들고 싶다.

두 번째로 로마를 다녀오고 싶다. 유서 깊은 로마를 두 발로 걸어서 조금이나마 고대로의 시간여행을 하고 싶다. 로마를 가기 전에 일본의 작가인 시오노 나나미가 쓴 《로마인의 이야기》의 책을 읽으며 여행을 준비하려고 한다. 로마에 갔을 때 감동은 더 깊게 느낄 수 있기 때문이다. 해외여행은 가족과 사전에 상의해서 미리 1년 전부터 준비해서 다녀오는 삶을 살고 싶다.

다음으로는 파리의 루브르박물관으로 갈 계획이다. 여행 준비를 하면 일상생활은 기다림으로 설렐 것이니, 여행갈 때는 추억을 만들면서 값진 경험을 얻을 수 있을 것이다. 다녀온 후에는 여행이 인생의 예방약이고 치료제이면서 동시에 회복제로서의 역할을 할 것으로 기대한다.

마지막으로 나에게 여행의 동기를 부여해준 터키 시인 나짐 히크메트의 시 〈진정한 여행〉을 소개하고자 한다.

가장 훌륭한 시는 아직 씌어지지 않았다.

가장 아름다운 노래는 아직 불려지지 않았다.

최고의 날들은 아직 살지 않은 날들

가장 넓은 바다는 아직 항해되지 않았고

가장 먼 여행은 아직 끝나지 않았다.

불멸의 춤은 아직 추어지지 않았으며

가장 빛나는 별은 아직 발견되지 않는 별

무엇을 해야 할지 더 이상 알 수 없을 때

그 때 비로소 진정한 무엇인가를 할 수 있다.

어느 길로 가야 할지 더 이상 알 수 없을 때

그 때가 비로소 진정한 여행의 시작이다.

나는 아직 살지 않은 최고의 날들과 아직 시작하지 않은 진정한 여행을 위해서 열심히 일해서 1년에 2번 정도는 가족과 함께 힐링 여행을 할 계획을 세웠다. 차후에는 가족 힐링 여행으로 가족들과 함께 추억을 되돌아보면서 인생이 아름다웠다고 고백하는 날을 꿈꾼다.

5

5년 안에 59평 복층아파트로 이사가기

'얼마 전 집이 나에게 어떤 의미일까?'를 고민하다가 인터넷에 집의 의미를 찾아보니 이렇게 표현되어 있었다. "집이란 동서고금의 구분 없이, 인류가 모태와 동격인 생명의 보호처 또는 심신상의 거점으로 간주해 왔다.", "어머니의 자궁이 제1의 모태라면 우리가 기거하는 집은 제2의 모태다." 이 두 가지 말에 나는 수긍을 했다.

나는 대학을 졸업하고 서울에서 살기로 했다. 그래서 서울의 중랑구에 전셋집을 얻었다. 그 당시에 세무사 시험공부를 했다. 아침에 공부를 하기 위해서 집에 나가 저녁에 들어오는 것을 반복했다. 그러던 중에 아내와 만나서 결혼했고 그 집을 신혼집으로 사용했다.

15평 정도 되었다. 이때부터 나는 '나의 집을 갖고 싶다'라는 생각을 하기 시작했다.

시간이 흘러 전세 만기가 되어 경기도 구리시로 이사를 가게 되었다. 집의 크기는 조금 넓어져 17평 정도 되었다. 이곳에서 역시 나와 아내만 살고 있어서 크게 불편함을 못 느꼈다. 이내 아내가 직장을 옮겼기에 우리는 다른 곳으로 이사를 가게 되었다. 이사한 곳은 경기도 평내동의 34평 아파트였다. 그곳은 신도시이고 아직 입주가 덜 되어 있어서 전세보증금에 조금 더 보태어 이사를 하게 되었다. 전에 살던 집에 비하면 우리 부부에겐 너무 넓었다. 그곳에서 2년을 살았다. 집주인이 전세보증금을 올려 달라고 해서 이사를 해야만 했다.

아내에게 미안했다. 그동안 나는 공부를 하느라 모아둔 돈이 없었다. 아내는 그 당시에 직장인이었고, 나는 세무사 시험의 결과의 발표를 기다리고 있었다. 그래서 이사는 내가 다 책임지고 했다. 이사를 하면서 '돈이 없어서 비록 이사를 하지만 반드시 아파트로 이사를 할 것이다. 반드시 나의 집을 가질 것이다'라는 결심을 했다.

이사를 한 곳은 1층은 상가였고, 2층과 3층은 주택으로 사용되는 곳이었다. 이사를 한 후 두 달 정도 지난 후에 세무사 시험의 합격통지서를 받았다. 뛸 듯이 기뻤다. 합격 후에 나는 수습 세무사로서 일했다. 그리고 아내와 나는 조금씩 마음에 안정이 들어 결혼 후에 8년 만에 아기를 갖게 되었다. 비록 집이 좁았지만 큰아이와 둘째가 그곳에서 태어났다. 그 집에서는 5년을 살았다.

처음에는 주택가여서 조용했다. 그러나 여기저기 집을 짓고 집근처에 술집이 생기자 여름에는 늦은 저녁부터 새벽까지 시끄러웠다. 잠을 자다가 술집의 손님들 때문에 잠을 깨는 경우가 다반사였다. 아내와 아이들에게 미안했다. 아울러 차를 주차할 공간이 부족했다. 이사를 생각하기 시작했다. '아파트로 이사하고 나의 집을 갖겠다'는 나의 결심을 실행에 옮기기 시작했다. 그래서 한 달 정도 집을 보러 다녔고, 아내와 내가 마음에 드는 집이 있어 바로 계약을 했다. 나의 생애 최초로 나의 집을 갖게 된 것이다. 너무 기뻤고 행복했는데, 그 집에서 이사한 지 한 달 후에 셋째가 생겨 기쁨이 두 배가 되었다.

이사한 후에 아파트에 한 가지 아쉬움이 생겼다. 엘리베이터가 지하 주차장으로 바로 연결되지 않아서 짐을 싣고 내릴 때 번거로웠다. 어느 날, 친구 집에 초대받아 갔는데 그 친구 집은 46평의 아파트로 아주 널찍하고 여유로웠다. 무엇보다도 방이 4개였다. 나의 서재를 갖고 싶다는 생각을 하던 차에 40평대로 이사를 해야겠다는 생각을 했다.

그리고 한참이 지난 후에 모키즈기 토시타카의 《당신의 소중한 꿈을 이루는 보물지도》라는 책을 접하게 되었다. 그리고 이 책 첫 페이지에는 이런 글귀가 쓰여 있었다.

"이 책을 읽고 나서 당신이 가장 먼저 해야 할 일은 이 세상에 단 하나뿐인 당신만의 보물지도를 만드는 일입니다. 그때부터 당신의 소중한 꿈들이 현실이 되어 나타나는 놀라운 경험이 시작됩니다."

나는 곧바로 드림보드를 작성하기 시작했다. 꿈의 목록을 보드판에 작성하고 벽에 붙였다. 나의 드림보드에는 내가 이사하고 싶은 지역의 40평대의 아파트 설계도를 붙였다. 그리고 아침과 저녁에 무의식적으로 나의 드림보드판을 보고 살았다. 나는 1년 후의 큰아이의 교육을 생각하기 시작했다. 그리고 시간이 생겨 나의 드림보드에 적혀 있는 지역의 아파트를 둘러보았다. 구경한 후에 아내한테 아이들의 교육에 대한 이야기를 하고, 더불어 이사에 대한 생각을 이야기했다. 아내도 나의 생각에 동의했다.

그리고 얼마 지나지 않아, 내가 드림보드판에 붙여 놓았던 40평대의 아파트를 계약하고 이사를 했다. 이사를 한 후 아파트의 등기권리증을 받게 되었다. 그때부터 실감이 나기 시작했다. 이 모든 것이 나의 드림보드판에 원하는 것을 붙이고 아침과 저녁에 무의식적으로 보기 시작한 결과라는 것을 깨닫게 되었다. 나의 첫 시작은 집을 갖고 싶다는 욕망이었다. 그리고 내가 갖고 싶은 지역의 집을 드림보드판에 붙이고 매일 아침저녁으로 보았다. 그리고 그 꿈이 이루어지도록 노력한 결과 꿈이 실현됐다.

이제 나는 또 다른 꿈이 생겼다. 그것은 59평의 복층아파트로 이사를 가는 꿈이다. 지금도 우리 가정이 살기에는 넓지만 나는 미래를 생각했다. 지금도 충분히 넓은데 무슨 복층 59평의 아파트로 이사하려고 하느냐고 반문할 수도 있다. 그러나 5년 후면 아이들이 세명이고 모두 딸이기 때문에 각자의 방이 필요하다고 생각한다. 그리고 2층에는 나만의 서재를 갖고 싶다는 욕심이 생겨, 복층아파트 59평의 꿈을 꾸기 시작했다.

데이미언 톰슨이 쓴 《책과 집》이라는 책에는 이런 말이 있다.

"서재란 누군가가 평생 모아온 책만을 의미하지 않는다. 오히려 개인의 진지한 관심사를 반영하여 구체화한 곳에 가깝다."

그러면서 미국의 성직자 토머스 웬트워스 히긴슨이 책꽂이가 부족해서 목수를 불렀을 때의 일화를 소개하고 있다. 목수가 그에게 "정말 이 책들을 다 읽으셨어요?"라고 묻자 그는 이렇게 대답했다. "당신은 도구 상자에 있는 도구들을 다 쓰시오?" 물론 아니었다. "도구란 나중에 필요할 경우를 대비해 가지고 있는 것이다. 이런 의미에서, 서재는 읽은 책을 보관해두는 곳이 아니라 필요할 때를 대비하는 공구상자에 가깝다." 나는 이 말에 전적으로 동의한다. 앞으로 생길 나의 서재에는 1만 권의 책을 놓을 계획이다. 서재는 나의 꿈을 키우고 작가로서 책을 쓰는 창작의 장소가 되고, 강연가로서 준비하는 공간이 되며 또한 나의 책들은 창작의 도구가 될 것이다.

아이들에게는 책들을 통해서 자신의 미래를 상상하고 꿈을 가꾸어 가도록 하는 장소가 되도록 만들고자 한다. 지금 있는 곳도 4개의 방으로 만들어 사용할 수 있지만, 아내와 나는 거실 옆에 공간을 따로 두어 커다란 책장을 직접 주문, 제작해서 아이들이 책을 쉽게 접근할 수 있는 작은 도서관으로 만들었다. 그 덕분에 큰아이는 책을 자연스럽게 접하고 독서를 한다. 그리고 아직 어린 둘째와 셋째는 책을 가지고 놀고 있다. 이렇게 작은 도서관의 분위기를 집에 만들면 나의 창조공간이자 아이들의 꿈의 놀이터가 될 것이라고 나는 확신한다. 지금은 나의 일 때문에 잠시 미루고 있지만 아내와 내가 미래에 살게 될 복층 59평의 아파트를 구경 가기로 약속했다. 나의 드림보드판에는 이미 59평의 복층아파트의 구조 도면이 붙어 있다.

이미 두 번의 드림보드판에 있는 꿈이 현실로 이루어진 경험을 통해 나는 오늘도 드림보드판을 보면서 꿈을 꾼다. 나는 이미 결심했고, 이 꿈을 이루기 위해서 또한 최선의 노력을 다할 것이다. 그리고 5년 안에 59평 복층아파트로 이사해서 가족이 모두 행복한 모습을 상상한다.

버킷리스트7

초판 1쇄 인쇄 2016년 01월 15일
초판 1쇄 발행 2016년 01월 18일

지 은 이	김지영 허지영 주유희 조맑은 김동현 염정환 박혜형 함명진
펴 낸 이	권동희
펴 낸 곳	위닝북스
브 랜 드	시너지북
기 획	김태광
책임편집	안혜리
디 자 인	이현은
교정교열	이양이
마 케 팅	김보람 신태용 이석풍

출판등록	제312-2012-000040호
주 소	경기도 성남시 분당구 수내동 16-5 오너스타워 407호
전 화	070-4024-7286
이 메 일	synergybook@naver.com
홈페이지	www.wbooks.co.kr

ⓒ시너지북(저자와 맺은 특약에 따라 검인을 생략합니다)
ISBN 979-11-85421-63-6 (03320)

이 도서의 국립중앙도서관 출판도서목록(CIP)은 서지정보유통지원시스템
홈페이지(http://seoji.nl.go.kr)와 국가자료공동목록시스템(http://www.nl.go.
kr/kolisnet)에서 이용하실 수 있습니다.(CIP제어번호: CIP2016000032)

시너지북은 독자 여러분의 책에 관한 아이디어와 원고 투고를 설레는
바람으로 기다리고 있습니다. 책으로 엮기를 원하는 아이디어가 있으신 분은
이메일 synergybook@naver.com으로 간단한 개요와 취지, 연락처
등을 보내주세요. 망설이지 말고 문을 두드리세요. 꿈이 이루어집니다.

시너지북은 위닝북스의 브랜드입니다.